別冊 問題

大学入試 全レベル問題集

現代文

3 私大標準レベル

改訂版

JN036261

Obunsha

目次

1 評論

『子どもはことばをからだで覚える』

正高信男《まさたかのぶお》

日本大学（改）

目標解答時間　20分

本冊（解答・解説）　p.14

言語についての一般的な考えかたと筆者の考えかたとの対比、また、問題文の「言語・ことば」と「テキスト」、「文字」という三者の意味の違いをきちんと確認しよう。

次の文章を読んで、後の問いに答えなさい。

言語の習得とは、子どもにとって身体全体を巻き込んでなされる営みなのだと表現してかまわないだろう。耳が聞こえないため、ことばを音声によって習得することが不可能と判明しても、聴覚と発声を介しない他の感覚―運動系にア イキョしたルートが存在することを示した、「手による喃語《なんご》」の研究は、まさにこれを裏づけている。にもかかわらず、いったん自由にあやつれるようになるや、ことばを用いることが「理性的」かつ「主知的」な営為であるとみなされるのは、何とも不可思議な現象といえるかもしれない。たとえば、「ヒトはことばを持った動物である」と評されるとき、その背後に「ヒトを他の動物と区分するのはロゴスを所有するからである」という発想がひかえているのは疑うべくもない。あげくのはてに、理性的かつ主知的な営為なのだから、ことばは習得される場合においてすら、理性的かつ主知的になされるに違いないと無条件にみなされることとなり、子どもがどのようにことばを身につけるか、はなはだしくキョッ**イ**カイする素地をつくるにいたったとも、とれなくはないのである。どうして、言語の **X** 的側面はこうまでも軽視されるようになったのだろうか?

私見を述べると、ことばというものを、産出した者とひとまず切り離されたテキストとして扱う傾向がきわめて強かったことが、大きくかかわっているように思えてならない。言語はいかなる体系であれ、いったんディスコースとして放出されるや、メッセージとして一人歩きを開始する。これは、過去の動物の伝達行動には、およそ考えられなかった特色である。文化的存在としてのヒトが、みずからをみずからたらしめている文化の世代伝達にうってつけである。それゆえ、「ヒトはことばを持った動物である」とは、すなわち遺産としてのテキストを継承できる存在と結びつけられたのだった。とりわけ歴史のなかで、権力が誕生したとき、テキストとしての言語は、いったん確立した支配―被支配の関係の長期維持にうってつけの手段であることが判明した。現在に残る古来の口承伝承とは、往々にして、支配者（あるいは支配層）が被支配層へ自身の正当性を語るものであるのは決して偶然ではない。①こうした傾向は、文字が発明されるに及んで、ますます勢いを得ることになる。キリスト教によるヨーロッパ支配の場合も例外ではない。今日に伝わる多数のフク**ウ**イン書は、イエスと実際に接した弟子たちが死亡したころに書かれたと考えられている。現実に教祖のギョウ**エ**セキを語れる存在がいなくなったとき、以後の信者に教義がなぜ正当であるかを納得させるために作られたのだという。ただ、いったん文字の形で置き換えられるや、書かれた内容は執筆者の意図と無関係に解釈される危険性が生じてくる。②本来の主張と全然違うふうに読み解くことだって、できるかもしれない。そこで、テキストを書かれた意図に則して理解する手助けへの**オ**ジュヨウが生まれる。キリスト教にとどまらず、およそ権威というものが世代を超えてセクトを維持していく場合には、やがて権威の象徴である者の主張を伝えるオリジナルな書物が存在するが、さらに支配が持続し、オリジナルが「古典」と化すと、今度は「古典」を読解する「手引き」を作成する必要に迫られるのである。こうして、特定のテキストを通して、そこに記されている③言語を「正しく」理解する努力が始まったのだった。それゆえ、人類が最初に、自分たちのあやつっていることばというものについて客観的な意識を抱いたとき、すでに関心の的《まと》は先人（先哲）の残した文字としての言語に集中していったのである。

注
喃語……生後六〜八ヶ月の乳児が発する「ことば」に成りきらない音声。「手による喃語」は乳児の手や指の動きによるメッセージ。

ロゴス……言葉を媒体として表現される理性。

ディスコース……言葉による思想の伝達。

セクト……主義主張を同じくする集団。

問一 ——部**ア**〜**オ**のカタカナの部分と同じ漢字を用いるものを、次の中からそれぞれ一つずつ選びなさい。

1

ア

1 彼にイライする。
2 キイな行動。
3 全権をイニンする。
4 イカイを授ける。

イ

1 カイシンの出来ばえ。
2 病気の母をカイホウする。
3 会社をカイコされる。
4 賛成者はカイムだった。

ウ

1 ケツインが生じる。
2 ボインの少ない言語。
3 ジインをめぐる。
4 インドウを渡す。

エ

1 試験のセキジが発表される。
2 コウセキを讃《たた》える。
3 問題がサンセキしている。
4 ジセキの念。

オ　1　主体性がカンヨウである。
2　火のヨウジン。
3　カイヨウの探査。
4　チョウヨウの序。

ア	
イ	
ウ	
エ	
オ	

2点×5

問二　空白部 X に入る最も適当な語句を、次の中から一つ選びなさい。

1　幼児　2　主知　3　身体　4　動物　5　聴覚

3点

問三　――部①「こうした傾向」とあるが、どういうことか。その説明として最も適当なものを、次の中から一つ選びなさい。

1　文字メッセージが被支配層に大きな影響を与えること。
2　権威者の力を文字テキストにより長期に維持すること。
3　言語により支配者の地位を確かなものにすること。

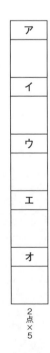

4 文字言語の力により権力の象徴を誇示すること。

5点

問四 ――部②「本来の主張と全然違うふうに読み解く」とあるが、言語がこのように「読み解」かれることを筆者は他で何と喩《たと》えているか。本文中から二十字以内で抜き出し、その最初の五文字を記しなさい。

5点

問五 ――部③「言語を『正しく』理解する努力」とあるが、どういうことか。その説明として最も適当なものを、次の中から一つ選びなさい。

1 教祖の教えを、理性を通して主知的に正しく理解し身につけること。
2 先人の遺産である文字としての言語を、その意図通りに読み解くこと。
3 「古典」執筆者の意図を正しく分析し、学問として体系化すること。
4 「古典」の正確な注釈書をつくり、「古典」の価値を世にひろめること。

5点

問六　問題文の内容と合っているものを、次の中から**二つ**選びなさい。

1　ヒトは理性的な動物であり、従ってことばも理性的かつ主知的に習得されなければならないと無条件にみなされることが、逆にことばの習得に関する理解を困難にしている。

2　ヒトがことばをあやつるのは、遺産としてのテキストによって次の世代に権力の正当性を伝えるためであり、それゆえ「ヒトはことばを持った動物である」と称されることになった。

3　今日に伝わる福音書の多くは、イエスが死亡したころに書かれたと考えられているが、それらは教義がなぜ正当であるかを信者たちに納得させるために作られたと言われている。

4　文字に置き換えられた教義は、文字を理解する能力を持たない人々によって執筆者の意図とは無関係に解釈されるため、テキストを書かれた意図に則して理解させる必要が生まれた。

5　権威を象徴する人物の主張を誇張するための書物が作成されるのは、支配者の子孫が権威を維持していくためであり、キリスト教の場合も例外ではなかった。

6　人間が自分たちの使うことばについて客観的な意識を抱きはじめたときは、すでに口から発することばよりもむしろ文字として記されたテキストをいかに理解するかに関心が向けられていた。

6点×2

［出典：正高信男『子どもはことばをからだで覚える　メロディから意味の世界へ』（中央公論新社）］

／40点

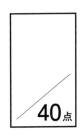

2

評論

『日本語は進化する』

加《か》賀《が》野《の》井《い》秀《しゅう》一《いち》

佛教大学（改）

目標解答時間　25分

本冊（解答・解説）p.27

日本を論じる文章は西洋（西欧）と日本を対比させることが多いが、この文章も日欧の対比である。と同時に「～は」と「～が」といういいかたの対比も読み取ろう。

次の文章を読んで、後の問いに答えなさい。

日本語については、［ a ］、主語がはっきりしなくてあいまいだとか、述語が最後にくるので言いたいことが分からないとか、あれやこれやと議論が絶えない。だが私は、日ごろからそれらを、A的外れもはなはだしい擬似問題だと思っている。それどころか、そのように問題とされるところにこそ、日本語の最も論理的な部分があるとさえ考えているのである。

唐突な質問ではあるけれど、手紙の宛名の書き方は、はたして日本流と西洋流とどちらがすぐれているだろうか。そう、私たちは「○○県」「○○市」「○○町」「○丁目」「○番地」という形で、大きなカテゴリーから次第に小さなものへと限定し、最後に個人の名前をもってくるが、西洋ではこれが逆になるというあの書き方である。いかがだろう。私は、まぎれもなく日本流が理にかなっていると感じるし、そのことは、実は、多くのフランスの友人たちも認めているところなのだ。

日本語の主語・述語と呼ばれるものの働きは、まさにこの宛名書きの形式に一致する。ためしに、主語をめぐる議論で有名になった「象は鼻が長い」の一文を考えてみよう。そもそも日本語に主語という概念がふさわしいかどうかも検討せずに、「象は」が主語か「鼻が」が主語か、など論じることはやめにして、今は、この表現の論理展開だけに注目していただきたい。まずこの表現は、「象は」と言って、語るべき主題を提示し、さらにこの主題のなかで「鼻」を限定することによって、順次、その内実を語っていく。つまり、日本語の論理のプロセスも、基本は宛名書きと同じく、大きなカテゴリーから次第に小さなものへと絞りこんでいくスタイルなのである。

こうした日本語の発想は、すぐれて「探索的」かつ「発見的」なものとなる。なぜならそれは、私たちの内部で初めは漠然としていたものが、次第に明らかになっていくプロセスを正確にたどっているからだ。当初は何もないところで、にわかに一つの意味が姿をとり始める。それを私たちは「～は」という表現により、かなり大ざっぱな一領域として設定する。そしてこの領域がひとたび決まれば、今度はそこに「～が」という表現があらわれてその領域をさらに細かく限定する。この限定されたものは、さらに次の表現によって限定され、それはまた……と続いて以下同文。最後には、見事に彫琢[1]された結論が得られるというわけである。

b 、このプロセスにおける最初の「〜は」という表現などは、日本語の特徴をきわだたせるものであるとともに、単なる言語学的な視点をこえたところで、豊かな思想的意味をかいま見せてくれもする。通常、学校文法では「〜は」「〜が」「〜も」などの格助詞をしたがえるものを「主語」と呼んではばからない。しかしながら、「佐藤はもうとっくに来ているけれど、鈴木はまだ見ていないなあ」というような場合、「鈴木は」の部分を主語と呼ぶわけにもいかないだろう。 **c** 国語学者たちは、「〜は」という表現に「主題提示」といった定義をあたえて、決着をつけたように思いこむ。そして、思いこんで安心し、「〜は」のもつ**B**<u>認識論的な重要性</u>をすっかり見のがしてしまうのである。

　あたりまえのことながら、私たちはつねに世界のなかで生き、そこであれやこれやの関心をもちながら、世界とさまざまな関係をとり結んでいる。私たちが、べつにこれといった注意もはらわなければ、世界は、ぼんやりとしたまどろみのなかにあるのだが、ひとたびそのどこかに注意を向けるならば、とたんに世界も、それに応じた表情を見せるようになってくる。したがって、世界と私たちとは表裏の関係にあると言っていいだろう。

　こうした世界のただなかにあって、私たちの前には、いつも一つの「知覚野《シャン・ペルセプティフ》」と呼ばれる意識の領野が広がっているのだが、ここに、ある時ふいに、曖昧模糊《あいまいもこ》としたうながしのようなものが生じてくる。このうながしは、少しずつ意識化のプロセスをたどり、それが次第に形をとって、ついには命名というレベルにまで達することになる。そこで私たちは、「〜は」という言いまわしによって、言語表現への決定的な第一歩を踏み出すことになるわけだ。つまり、やや大げさな物言いを許していただけるならば、「〜は」には、西洋語の主語にはない「知覚」から「言語」への移行が表現されている。まさしくこれこそが、西洋語には見られない「〜は」のもつ認識論的な重要性なのである。

この決定的な一歩が踏み出されてしまえば、その後は、すでに述べたように、言語上での細かい限定作業が続けられるばかりとなる。思考するとは、結局、思考する領域を次第に画定し、いっそう明確化していくことにほかならない。このような明確化の歩みは、広範な領野から次第に絞りこまれていく以上、いながらにして「帰納的」であるはずだ。さらにまた、それが一個人の言葉によってなされるものであれ、対話者の言葉を含むものであれ、いずれにしても共通の領野のなかで下位区分しようとするのだから、重ねられる言葉は「協調的」なものになるだろう。

これに対して西洋語の論理はどうなるか。「AはBである。なぜなら、〜であり、〜であり、〜であるからだ」——こうした論理は、かならずや「既定的」「2演繹的」「対立的」とならざるを得ない。それはすでに「AはBである」と言ったところでC勝負がついているのであり、結論は、それが正しいか誤っているか、二つに一つしかないのである。［d］、このような西洋語の論理は、あらかじめ論者のなかで決着のついたことがらを戦わせるには好都合だが、日本語のように、探索し、帰納し、協調して、不確かなものから徐々に結論を創造してゆく論理にはなりにくい。

その意味では日本語の論理の方が、実は、はるかに「発見的」であり「創造的」なのだが、いかんせん、国際会議あたりで論争するうえでは分《ぶ》が悪い。さらにまた、日本語の論理は、私たちが「探索的」であればこそ、その全《まった》き論理性を発揮するものであるにもかかわらず、わが同胞には、不確かなものを不確かなまま放置して、いっこうに動じないふうもある。そのうえ、こうした風潮は、今や情報化社会の便利ツールの手をかりて、わが国に**3**蔓延し始めており、日本語の論理など語るはおろか、あらゆる論理が**4**破綻してゆく様相さえ呈しているのである。これは言語の問題ではありながら、言語の領域をはるかに越えた射程にまで拡がっている。

情報化社会における日本語の問題は、一個のメディア論として、今後また稿をあらためて論じてみたいと思っているが、ともあれ、それら諸問題を乗り越えながら、いかにして創造的な日本語の論理を確立していくのか。私たちは、この難局にあって、明治の先達たちが示すさまざまな知恵を、再度じっくり捉えなおしてみるべきであるだろう。

問一　傍線部1〜4の漢字の読みを、ひらがなで記せ。

1	2	3	4

2点×4

問二　**空欄[a]〜[d]に入れるのに最も適当な語句を、次の1〜4の中からそれぞれ一つずつ選び、番号で答えよ。ただし同じものを繰り返し用いてはいけない。**

1　そこで　　2　つまり　　3　とりわけ　　4　とかく

a	
b	
c	
d	

2点×4

問三　**傍線部A「的外れもはなはだしい」とあるが、そう考えるのはなぜか。その説明として最も適当なものを、次の1〜4の中から一つ選び、番号で答えよ。**

1　日本人が日本語についてあれやこれやと議論すること自体が間違っているから。

2　フランスなど外国の人も、そういう考えが的外れだということを認めているから。

3　日本語には、論争に適した日本語独特の創造的な論理が備わっているから。

4　日本語は、不確かなものから次第に結論を作り出すというスタイルを備えているから。

5点

問四　傍線部B「認識論的な重要性」とあるが、どのようなことか。その説明として最も適当なものを、次の1～4の中から一つ選び、番号で答えよ。

1　広い範囲のものを次第に絞りこんで、細かい限定作業を続けること。

2　思考する領域を画定し、対話者との共通の領野の中で帰納的に下位区分すること。

3　西洋語には見られない、主語や曖昧模糊としたうながしが言語の発達をおしすすめること。

4　曖昧模糊としたうながしが意識化され、言語表現への第一歩を踏み出すこと。

□
6点

問五　傍線部C「勝負がついている」とあるが、どういうことが言いたいのか。その説明として最も適当なものを、次の1～4の中から一つ選び、番号で答えよ。

1　先にその説を唱えた方が勝つ。

2　それ以上内容を深めていく余地がない。

3　勝つという見通しに基づいて発言が行われている。

4　曖昧さが排除されており、判断が容易である。

□
6点

問六　本文の内容に合致するものを、次の1～4の中から一つ選び、番号で答えよ。

1　世界と私たちとは表裏の関係にあり、私たちが世界に関心を持つことで世界がそれに反応し、私たちと対立するものとして浮かび上がってくる。

2　日本語は、日本語同士で論争する場合は論理的な力を発揮できるが、国際的な会議などで外国語を相手に戦う場合は分が悪い。

3　現在は、日本語の持つ独自の論理性に目を向けないばかりでなく、すべての論理というものが危機に瀕《ひん》する深刻な事態が広がっている。

4　日本語の宛名書きの形式は、日本語の論理のプロセスと同様の構造をしており、それゆえ主語である個人の名前は最後に現れる。

7点

40点

〔出典：加賀野井秀一『日本語は進化する　情意表現から論理表現へ』（日本放送出版協会）〕

3

評論

『「間（あわい）の文化」と「独（ひとり）の文化」』

濱口《はまぐち》恵《え》俊《しゅん》
駒澤大学（改）

目標解答時間　20分

本冊（解答・解説）　p.38

欧米的な「個人」と、筆者のいう「間人」のありかたを対比的にとらえよう。

次の文章を読んで、後の問いに答えなさい。

1 「集団主義」が日本人に必ずしも当てはまらない、という見解が出てくるのはどうしてなのか。日本で「集団主義」という現象が必ずしも見あたらない、という理由からだけではない。むしろそれを日本社会に適用すること自体が分析上適切ではない、という理由によっている。つまり日本研究のための道具概念として不適切なのである。

「集団主義」は「個人主義」との［a］構図において使われることが多いが、そうした場合は「個人主義」の欠如態を指す用語となっている。「個人主義」を先《ま》ず発想の原点に据え、その反対属性を「集団主義」と呼んだにすぎないのである。それはオリジナルな内容をもつ分析概念ではない。こうした意味的に空虚な二次的概念でもって日本の現実を把握しようとしても、的確な分析結果は得られそうにもない。なぜなら、日本で「個人主義」が欧米におけるように強く確立されていない以上、「集団主義」が機械的に当てはめられるだけだからである。

日本に何らかの集団主義的な事象があるとしても、それは「個人主義」と関連づけてとらえられるようなものではない。その実質内容は別種のものであろう。たとえば組織における「協同団体主義」として理解されるような事象は、その一例である。それにもかかわらずそれをまともに取り上げず、日本人は集団主義者だと紋切り型の断定をしたのは、いったいどうしてなのか。

[2] 欧米では従来、自律性の強い「個人」という存在が、社会生活の基本単位だと考えられていた。「個人」という〈にんげん〉は、社会生活の中で、「集団」サイドからの要請と折り合いを付けながらも、それぞれ自律的に振る舞える資質をもつ存在だと想定されている。「個人」対「集団」という二元的対立構造の中で、つねに優位に立つべき存在であった。そうした意味で「個人」は絶対的存在であった。しかし日本人は、必ずしもそのように主体的に振る舞うことができず、無条件で集団と一体化するものと見なされた。「個人」としての基本能力を欠く〈にんげん〉しか日本にはいないと想定された。そのために、集団主義者というラベルが貼《は》られてしまったのである。

ここで留意すべきことは、〈にんげん〉モデルの唯一普遍的な形態が「個人」である、という前提があることである。〈にんげん〉モデルとしては、自律性の高い「個人」だけが自明の存在とされていた。「個人主義」が社会事象の基盤を形成していたのも、このことに拠《よ》っている。

これまで「個人」という存在とは別の〈にんげん〉モデルがありうる、ということすらまったく考えられていなかった、と言ってよい。しかし日本人にとって、自らの〈にんげん〉モデルは、「個人」とは本質的に異なるものだと感じていた。それは決して「個人」の欠如態などではない。「協同団体主義」を支えるような、システィマティックな〈にんげん〉基盤である。ではそのような〈にんげん〉モデルは、どのような構造のものなのか。またそれを何と呼ぶのが適切であろうか。さらには、どのような基本属性や機能を宿しているのだろうか。

3 和辻哲郎の指摘によれば、日本語での「ひと」という語の使われ方を見ると、「ひとのものを取る」、「われひとと共に」と言うときの「ひと」は「他人」を指し、「ひとを馬鹿にするな」「ひとのことを構うな」での「ひと」は、他者にとっての他者、つまり「われ」そのものである。さらに、「ひとはいう」での「ひと」、「人聞きが悪い」の「人」は、世人一般という意味を有している。「かく見れば『ひと』という言葉は、自、他、世人等の意味を含蓄しつつ、すでに世間という意味さえも示唆しているのである。」

「人の振り見て我が振り直せ」の「人」も他者のことである。このように「ひと」という〈にんげん〉システムは、たんなる自己存在ではなく、むしろ他者存在、より一般的には、世の中の人びと、世間そのものを指す用語であった。「人我」という表現も、ひととわれ、他者と自分、を指す用語であり、決して「自我」と同じ意味ではない。自己存在といえども、唯我的に設定されるのではなく、「他者にとっての他者」として相対化された形でとらえられる。要するに「ひと」は、自・他の相関の中で存立するのである。他者サイドを基点にし、自・他の関係に根ざした〈にんげん〉システムを考え、それを「人間」という漢字で表してきたのである。

実際、「*人間万事塞翁馬《さいおうがうま》」といった中国から伝わった表現においても、「人間」は、「にんげん」ではなく、「じんかん」と読むべきであり、元来中国語の「レンジャン」（世間・世の中）の意であったことを想起する必要がある。日本語で「人間」を「にんげん」と読む場合は、その原義から転用され、世間に住む「ひと」を指す語になったのである。いずれにせよ〈にんげん〉システムは、中国・日本に関するかぎり、自己・他者・世間といった関係的事象としてとらえられている。それは、〈にんげん〉システムの概念分割において、「個人」とは別のカテゴリーを構成している。

4 梅原猛は、和辻の論文集の解説において次のように和辻説を祖述している。和辻がその著『人間の学としての倫理学』で排除しようとしたのは、*デカルト流の存在論であった。「Cogito ergo sum とデカルトはいう。近代哲学はすべて自我から出発するが、最初にあるのはけっして孤独な自我でも孤立した人間でもなく、関係としての人間である。人間というのは文字通り、人と人との間であり、人はそのような人と人との間にあるものとしてはじめて人間なのである。」

英語の“human relation”の定訳として「人間関係」が用いられているが、その訳語で、「人間」を「にんげん」ではなく、「じんかん」と発音しさえすれば、そこには関係性が内包されているから、「関係」の二字は蛇足だということになろう。しかもこの訳語での「人間」は、関係性を捨象した X のニュアンスが感じられる。

日本人にとり「ひと」とは、あくまで「人間」（じんかん）に生きる「人間」（にんげん）のことなのである。そこで「人間」という形でとらえられる〈にんげん〉システムを、「個人」と概念的に対比するために、わざと語順を逆にして「間人」（かんじん）と呼ぶことにする。「個人」は〈にんげん〉システムを個体性で把握したものであり、「間人」は、関係性をベースにした〈にんげん〉システムである。

5 新たにこうした〈にんげん〉モデルを設定するとき、先ず第一に考慮しなければならないのは、二つのモデルのいずれが原基性をもつか、という点である。どの個体も人的な関係をもたずに最初から自立しているわけではなかろう。最初は家族・親族や何らかの社会関係のシステムの中に位置づけられる。それ以後も集団生活を営む限り、ここでいう［Y］が［Z］システムの一般形態なのであり、［X］はその特定形態であると見なすべきであろう。このことは、日本人についてだけ当てはまる事柄ではなく、汎人類的事象である。［Y］は、［Z］モデルの原型を成している。

「間人」モデルと「個人」モデルとは、関係性一般と、その特定形態としての個体的極限との違いだと考えられる。両者は、けっして二元論的に対立するモデルなのではない。だが従来の欧米起源の思想史的伝統に従うかぎり、この二つの〈にんげん〉モデルは、概念的に相対するもののように受け取られやすい。というのも、これに限らず一般に、分析において二分法論理を用いることが、自明の*パラダイムとして、無条件で採択されていたからである。二分法の設定は、何の論拠をも必要としなかった。

そのような二分法タイプの概念分割の例を列挙してみよう。たとえば、「普遍」対「特殊」、「[b]」対「異端」、「同質」対「異質」、「理性」対「感情」、「権力」対「従属」、「[c]」対「任意」、「中心」対「周辺」、「主流」対「偏異」、「自立」対「依存」、「能動」対「受動」など、数多く見出される。このような二元対立的な変数の妥当性に関して、疑問視されることはまったくなかった。（中略）

6 〈にんげん〉システムの存在形態を、単純に自我的個体としての「個人」と、それの全体集合としての「集団」との二元対立で論じるのも、方法論的に問題である。〈にんげん〉は、つねに合理的選択（YES／NO）のみによって行動する理知的存在ではない。（中略）

「個人」と「集団」はともに〈*ゆらぎ〉を通して自己組織化されたシステムであって、「個人」だけが定型化された形でつねに「集団」よりも優位に立つとは限らない。両者はともに「同位体」だと見なすべきであろう。一方が他方を制御するのではなく、両者が相互に浸透しあって社会システムを構成している、と見なすのが妥当であろう。

注
人間万事塞翁馬＝古代中国北辺の塞（とりで）に住んでいた翁（老人）の馬が逃げたのち、その馬のために様々な幸運と災いがもたらされたという故事に基づく。人生の禍福は転々として予測できないことのたとえ。

デカルト＝フランスの哲学者。一五九六～一六五〇。Cogito ergo sum はラテン語で、「我思う、ゆえに我あり」と訳される。

パラダイム＝ものの考え方・認識の枠組み。

ゆらぎ＝人間の脳や人間社会のような複雑な構造をもつシステムにおいて、多数の構成要素の様々な相互作用によって発生する、予測しにくい変動。

問一　空欄［a］に入る最も適当な五字の言葉を、［2］（「欧米では従来……宿しているのだろうか。」）から抜き出して記せ。ただし句読点や符号がある場合には、それも字数に数える。

5点

問二　傍線部「日本人は集団主義者だと紋切り型の断定をしたのは、いったいどうしてなのか」とあるが、筆者はその理由について、どのように考えているか。最も適当なものを、次のア〜オの中から選べ。

ア　「個人」は自律的に振る舞える集団と無縁な存在だという誤った考えから発想していたから
イ　日本にも主体的に振る舞うことができる〈にんげん〉が存在することを無視していたから
ウ　すべての日本人が無条件に集団と一体化する「集団主義」であるとは言いきれないから
エ　〈にんげん〉モデルの唯一の形態が「個人」であるという前提に基づいていたから
オ　意味的に空虚な二次的概念である「個人主義」を社会事象の基盤と考えていたから

6点

問三　本文中に二箇所ずつある空欄 X ・ Y ・ Z に入る最も適当な言葉を、次のア～カの中から選べ。

ア　「人間」
イ　「間人」
ウ　「個人」
エ　「集団」
オ　「関係」
カ　〈にんげん〉

X
Y
Z

3点×3

3

問四　空欄[b]、[c]に入る最も適当な言葉を、次のア～コの中からそれぞれ選べ。

ア　達成
イ　強制
ウ　更生
エ　粛正
オ　自省
カ　成功
キ　制覇
ク　生得
ケ　正統
コ　省察

b
c

3点×2

3

問五　**次のア〜オの中から、本文の内容に合致しているものを二つ選べ。ただし、解答の順序は問わない。**

ア　欧米では「個人主義」を発想の原点に据えているのに対し、日本ではそれとは別種の実質内容をもつ集団主義的な事象を、社会生活の基本単位だと考えている。

イ　日本語の「人間」は元来中国から伝わった言葉であり、その原義は「個人」としての〈にんげん〉よりも、むしろ「人間関係」に近い意味をもっていた。

ウ　日本人にとって自らの〈にんげん〉モデルは、「個人」の欠如態などではなく、欧米とは本質的に異なる個体的極限としての「個人」の存在を前提とするものである。

エ　分析において二分法論理を用いることは、欧米起源の思想的伝統に基づくものであり、これを日本社会に用いること自体が日本研究のための道具概念として不適切である。

オ　「個人」と「集団」は、相互に浸透しあう関係にある「同位体」であり、このことは日本だけでなく、中国や欧米の社会システムについても言えることである。

7点×2

40点

〔出典：濱口惠俊『「間（あわい）の文化」と「独（ひとり）の文化　比較社会の基礎理論』（知泉書館）〕

4

評論

「彩色の精神と脱色の精神」

真《ま》木《き》悠介《ゆうすけ》

中京大学（改）

目標解答時間　20分

本冊（解答・解説）p.48

彩色と脱色との対比が、本文中のどういう対比と重なるかを考えながら読もう。

次の文章を読んで、後の問いに答えなさい。

『更級日記』にこんな話が書いてある。作者と姉とが迷いこんできた猫を大切に飼っている。あるとき姉の夢まくらにこの猫がきて、自分はじつは侍従の大納言どののアソクジョなのだが、さる因縁があってしばらくここにきている。このごろは気品のない人たちのなかにおかれて、わびしいといって泣く。それから姉妹はこの猫をいよいよ大切に扱ってかしずくのである。ひとりの時などこの猫をなでて、「侍従大納言どのの姫君なのね、大納言どのにお知らせしましょうね」などと言いかけると、この猫にだけは心がつうじているように思われたりする。猫はもちろんふつうの猫にきまっているのだが、『更級日記』の作者にとって、現実のなにごともないできごとの一つ一つが、さまざまな夢によって意味づけられ彩りをおびる。

夢といえば、フロイトのいき方はこれと正反対である。フロイトの「分析」にとって、シャンデリアや噴水や美しい飛行の夢も、宝石箱や運河や螺旋階段の夢も、現実の人間世界の心的機制や身体の部分を示すものとして処理されてしまう。フロイトは夢を、この変哲もない現実の日常性の延長として分析し、解明してみせる。ところが『更級日記』では逆に、この日常の現実が夢の延長として語られる。フロイトは［a］によって［b］を解釈し、『更級日記』は［c］によって［d］を解釈する。

この二つの対照的な精神態度を、ここではかりに、〈彩色の精神〉と〈脱色の精神〉というふうに名づけたい。われわれのまわりには、こういうタイプの人間がいる。世の中にたいていのことはクダラナイ、ツマラナイ、オレハチットモ面白クナイ、という顔をしていて、いつも冷静で、理性的で、たえず分析し、還元し、君たちは面白がっているけれどどんなものショセン××ニスギナイノダといった調子で、A世界を脱色してしまう。そのような人たちにとって、世界と人生はつまるところは退屈で無意味な灰色の荒野にすぎない。

また反対に、こういうタイプの人間もいる。なんにでも旺盛な興味を示し、すぐに面白がり、人間や思想や事物に惚れっぽく、まわりの人がなんでもないと思っている物事の一つ一つに独創的な意味を見出し、どんなつまらぬ材料からでも豊饒な夢をくりひろげていく。そのような人たちにとって、世界と人生は目もあやな彩りにみちた［e］のうずまくイ饗宴である。

冷静で理知的な〈脱色の精神〉は近代の科学と産業を生みだしてきた。たとえばフロイトはわれわれの「心」の深奥に近代科学のメスを入れようと試みたパイオニアである。そして科学と産業の勝利的前進とともに、この〈脱色の精神〉は全世界の人びとの心をとらえ、その生きる世界を脱色していった。

森の妖精や木霊《こだま》のむれは進撃するブルドーザーのひびきのまえに姿を没し、谷川や**ウ**ボクセキにひそむ魑《ち》魅魍魎《みもうりょう》は、スモッグや有機水銀の廃水にむせて影をひそめた。すみずみまで科学によって照明され、技術によって開発しつくされたこの世界の中で、現代人はさてそのかげりのなさに退屈し、「なにか面白いことないか」といった**B**うそ寒いあいさつを交わす。

世界の諸事物の帯電する固有の意味の一つ一つは剝奪され解体されて、相互に交換可能な価値として抽象され計量化される。個々の行為や関係のうちに内在する意味への感覚の喪失として特色づけられるこれらの過程は、日常的な実践への埋没によって虚無から逃れでるのでないならば、生のたしかさの外的な支えとしての、なんらかの〈人生の目的〉を必要とする。それが近代の実践理性の要請としての「神」（プロテスタンティズム！）であれ、その不全なる等価としての「天皇」（立身出世主義！）であれ、またはむきだしの富や権力や名声（各種アニマル！）であれ、心まずしき近代人の生の意味への感覚を外部から支えようとするこれらいっさいの価値体系は、精神が明晰であればあるほど、それ自体の根拠への問いにさらされざるをえず、しかも**C**この問いが合理主義自体によっては答えられぬというジレンマに直面せずにはいないから、このような価値体系は、主体が明晰であればあるほど、根源的に不吉なニヒリズムの影におびやかされざるをえない。

ここにはいっさいの幻想を排するがゆえに、逆に幻想なくしては存立しえず、しかもこのみずからを存立せしめる幻想を、みずから解体してゆかざるをえない、近代合理主義の［ f ］をみることができる。われわれはこの荒廃から、幻想のための幻想といった自己欺瞞に後退するのでなしに、どこに出口を見出すことができるだろうか。


注 フロイト…心理学者。精神分析学の創始者（一八五六年〜一九三九年）。

パイオニア…先駆者。

各種アニマル…エコノミックアニマルが有名。エコノミックアニマルとは経済的利益の追求を第一義に活動する人間への蔑称。

ニヒリズム…すべてを虚《むな》しいと考えること。虚無主義。

問一　傍線部ア・ウのカタカナを漢字に改め、イの漢字の読みをひらがなで記せ。（楷書で丁寧に記せ）

ア	イ	ウ

2点×3

問二　空欄 a 〜 d を補う最適なことばの組み合わせを、次の中から選べ。

	a	b	c	d
1	現実	心	心	夢
2	心	夢	夢	現実
3	夢	心	心	現実
4	夢	現実	現実	夢
5	現実	夢	夢	現実

4点

4

問三　傍線部Ａ「世界を脱色してしまう」とあるが、世界が脱色されるとはどういうことか。それを説明した部分を含む一文を、傍線部以降の文中から探し、始めの五字を抜き出せ。（句読点・記号等は字数に含む）

5点

問四　空欄 e を補う最適な二字のことばを、文中から抜き出せ。

5点

問五　傍線部B「うそ寒いあいさつ」の意味として最適なものを、次の中から選べ。

1　何となく虚しさの漂うあいさつ
2　うわべだけのあいさつ
3　やや上から目線のあいさつ
4　いらだちを込めたあいさつ
5　答えに少し窮するあいさつ

□
3点

問六　傍線部C「この問いが合理主義自体によっては答えられぬ」とあるが、なぜか。理由を述べたものとして最適なものを、次の中から選べ。

1　意味への感覚を外部から支える価値体系とは何かという問いにはそもそも答えが存在しないから
2　意味への感覚を外部から支える価値体系とは何かという問い自体が近代的ではないから
3　意味への感覚を外部から支える価値体系への問いは合理主義とは次元の異なるものだから
4　意味への感覚を外部から支える価値体系は合理主義の徹底が招き寄せたものだから
5　意味への感覚を価値体系で支えること自体が合理主義に反することだから

7点

問七　空欄 f を補う最適なことばを、次の中から選べ。

1　超越
2　堕落
3　退行
4　虚構
5　逆説

4点

問八　この文章の内容に合致しないものを、次の中から一つ選べ。

1　猫が大納言の娘であると信じた『更級日記』の作者にとって、猫は一層大切な存在となった。
2　フロイトは心を科学的に解明しようとした先駆者である。
3　脱色の精神は彩色の精神を駆逐し、近代の科学や産業を生み出した。
4　意味への感覚の喪失がもたらす虚無を免れる一つの方法は、日常的な実践にふけることである。
5　彩色の精神こそ脱色の精神に欠けたものを補い、現代の人間に豊かで安定した内面をもたらす。

6点

［出典：真木悠介『気流の鳴る音』（筑摩書房）］

40点

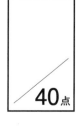

5

評論

『暇と退屈の倫理学』

國分《こくぶん》功一郎《こういちろう》

龍谷大学

目標解答時間　20分

本冊（解答・解説）　p.60

「消費」と「浪費」の違いを対比的に押さえよう。

次の文章を読んで、後の問いに答えなさい。

　たとえばどんなにおいしい食事でも食べられる量は限られている。腹八分目という昔からの戒めを破って食べまくったとしても、食事はどこかで終わる。いつもいつも腹八分目で質素な食事というのはさびしい。やはりたまには豪勢な食事を腹一杯、十二分に食べたいものだ。これが浪費である。浪費は生活に豊かさをもたらす。そして、浪費はどこかでストップする。

　それに対し消費はストップしない。たとえばグルメブームなるものがあった。雑誌やテレビで、この店がおいしい、有名人が利用しているなどと(ア)セン伝される。人々はその店に殺到する。なぜ殺到するのかというと、だれかに「あの店に行ったよ」と言うためである。

　当然、セン伝はそれでは終わらない。次はまた別の店が紹介される。またその店にも行かなければならない。「あの店に行ったよ」と口にしてしまった者は、「えぇぇ？　この店行ったことないの？　知らないの？」と言われるのを嫌がるだろう。だから、紹介される店を延々と追い続けなければならない。

これが消費である。消費者が受け取っているのは、食事という物ではない。その店に付与された観念や意味である。①この消費行動において、店は完全に記号になっている。だから消費は終わらない。

浪費と消費の違いは明確である。消費するとき、人は実際に目の前に出てきた物を受け取っているのではない。（中略）なぜモデルチェンジすれば物が売れて、モデルチェンジしないと物が売れないのかと言えば、人がモデルそのものを見ていないからである。「チェンジした」という観念だけを消費しているからである。

ボードリヤール自身は消費される観念の例として、「個性」に注目している。今日、広告は消費者の「個性」を煽《あお》り、消費者が消費によって「個性的」になることをもとめる。消費者は「個性的」でなければならないという強迫観念を抱く。

問題はそこで追求される「個性」がいったい何なのかがだれにも分からないということである。したがって、「個性」はけっして完成しない。つまり、②消費によって「個性」を追いもとめるとき、人が満足に到達することがない。その意味で消費は常に「失敗」するように仕向けられている。失敗するというより、成功しない。あるいは、到達点がないにもかかわらず、どこかに到達することがもとめられる。こうして選択の自由が消費者に強制される。

消費社会を相対的に位置づけるために、それとは正反対の社会を紹介しよう。ボードリヤールも言及しているが、人類学者マーシャル・サーリンズ［1930－］は「原初のあふれる社会」という仮説を提示している。これは現代の狩猟採集民の研究を通じて、石器時代の経済の「③豊かさ」を論証したものである。

狩猟採集民はほとんど物をもたない。道具は貸し借りする。計画的に食料を貯蔵したり生産したりもしない。なくなったら採りにいく。無計画な生活である。

彼らはしばしば、物をもたないから困窮していると言われる。そして、それは彼らの「未来に対する洞察力のなさ」こそが原因であると思われている。つまり、計画的に貯蔵したり生産したりする知恵がないために十分に物をもっていないとして、「文明人」たちから憐《あわ》れみの目で眺められている。

しかし、これは実情から著しくかけ離れている。彼らはすこしも困窮していない。狩猟採集民は何ももたないから貧乏なのではなくて、むしろそれ故に自由である。「きわめて限られた物的所有物のおかげで、彼らは日々の必㋑ジュ品に関する心配からまったく免《まぬか》れており、生活を享受しているのである」。

また、彼らが未来に対する洞察力を欠き、貯蔵等の計画を知らないのは、知恵がないからではない。彼らのような生活では、単に未来を思い煩《わずら》う必要がないのだ。

狩猟採集生活においては少ない労力で多くの物が手に入る。彼らは何らの経済的計画もせず、貯蔵もせず、すべてを一度に使い切る大変な浪費家である。だが、それは浪費することが許される経済的条件のなかに生きているからだ。

したがって狩猟採集民の社会は、一般に考えられているのとは反対に、物があふれる豊かな社会である。彼らが食料調達のために働くのは、だいたい一日三時間から四時間だという。サーリンズは、農耕民に囲まれていたけれども農業の採用を拒否してきた、ある狩猟採集民のことを紹介している。なぜ彼らは農業の採用を拒んできたのか？「そうなればもっとひどく働かねばならない」からだそうである。

もちろん狩猟採集民を過度に理想化してはならない。狩猟採集民もうまく食料調達ができないことはあろうし、環境の変化によって容易に困窮に陥ることはあろう。

重要なのは、彼らの生活の豊かさが浪費と結びついているということである。彼らは贅沢《ぜいたく》な暮らしを営んでいる。これが重要である。ボードリヤールやサーリンズも言うように、浪費できる社会こそが「豊かな社会」である。将来への気づかいの欠如と浪費性は「真の豊かさのしるし」、贅沢のしるしに他ならない。

消費社会はしばしば物があふれる社会であると言われる。物が過剰である、と。しかしこれはまったくのまちがいである。サーリンズを援用しつつボードリヤールも言っているように、現代の消費社会を特徴づけるのは物の過剰ではなくて稀少性《きしょうせい》である。消費社会では、物がありすぎるのではなくて、物がなさすぎるのだ。

なぜかと言えば、商品が消費者の必要によってではなく、生産者の事情で供給されるからである。生産者が売りたいと思う物しか、市場に出回らないのである。消費社会とは物があふれる社会ではなく、物が足りない社会だ。

そして消費社会は、そのわずかな物を記号に仕立て上げ、消費者が消費し続けるように仕向ける。消費社会は私たちを浪費ではなくて消費へと駆り立てる。消費社会としては浪費されては困るのだ。なぜなら浪費は満足をもたらしてしまうからだ。消費社会は、私たちが浪費家ではなくて消費者になって、絶えざる観念の消費のゲームを続けることをもとめるのである。消費社会とは、人々が浪費するのを妨げる社会である。

消費社会において、私たちはある意味で我慢させられている。浪費して満足したくても、そのような回路を閉じられている。しかも消費と浪費の区別などなかなか思いつかない。浪費するつもりが、いつのまにか消費のサイクルのなかに閉じ込められてしまう。

この観点は極めて重要である。なぜならそれは、質素さの提唱とは違う仕方での消費社会批判を可能にするからである。

しばしば、消費社会に対する批判は、つつましい質素な生活の㋒スイ奨を伴う。「消費社会は物を浪費する」「人々は消費社会がもたらす贅沢に慣れてしまっている」「人々はガマンして質素に暮らさねばならない」。日本でもかつて「㋓セイ貧の思想」というのが流行《はや》ったがまさしくこれだ。

そうした「思想」は根本的な勘違いにもとづいている。消費は贅沢などもたらさない。消費する際に人は物を受け取らないのだから、消費はむしろ贅沢を遠ざけている。消費を徹底して推し進めようとする消費社会は、私たちから浪費と贅沢を奪っている。

しかも単にそれらを奪っているだけではない。いくら消費を続けても満足はもたらされないが、消費には限界がないから、それは延々と繰り返される。延々と繰り返されるのに、満足がもたらされないから、消費は次第に過激に、過剰になっていく。しかも過剰になればなるほど、満足の欠如が強く感じられるようになる。

これこそが、二〇世紀に登場した消費社会を特徴づける状態に他ならない。

消費社会を批判するためのスローガンを考えるとすれば、それは「④贅沢をさせろ」になるだろう。

問一　傍線部㋐～㋓と同じ漢字を使うものを、次の各群のうちから一つずつ選びなさい。

㋐　セン伝
①　思索に沈センする　②　託センを受ける
③　機センを制する　④　周セン業を営む

㋑　必ジュ品
①　天ジュを全うする　②　批判を甘ジュする
③　内ジュを拡大する　④　願いが成ジュする

㋒　スイ奨
①　無スイなまねをする　②　計画がスイ泡に帰す
③　スイ納帳をあらためる　④　彼の意図を邪スイする

㋓　セイ貧
①　生徒に猛セイを促す　②　隔セイの感がある
③　市セイの人を重んじる　④　血セイを投与する

（解答欄は次ページ）

㋐	㋑	㋒	㋓

2点×4

問二　傍線部①「この消費行動において、店は完全に記号になっている」とありますが、その説明として、最も適当なものを一つ選びなさい。

① 消費者が気にするのは、今食べている食事ではなく、次にどの店に行くか、そのための情報をどうやって入手するかである。

② 消費者が金を払って手にするのは、実際の食事ではなく、その店での食事が、世の中でもつイメージや価値といったものである。

③ 消費者が満足するのは、実際に食べた食事がおいしかったからではなく、自分が新しい情報の発信源となったからである。

④ 消費者にとって価値があるのは、その店で実際に食事をしたことではなく、次々に与えられる情報に従って行動したことである。

6点

問三　傍線部②「消費によって『個性』を追いもとめるとき、人が満足に到達することがない」のはなぜですか。最も適当なものを一つ選びなさい。

① 「個性」を追いもとめること自体が一時の流行に過ぎず、消費者が本当の「個性」を見いだしたころには、流行の中心が別のものへと移行しているだろうから。

② 消費を煽るために「個性」ということがしきりに言われるようになったが、「個性的」でなければならない人は、実際にはごくわずかでしかないから。

③ さかんにセン伝されている「個性」とは、消費を促すための観念に過ぎず、追いもとめて手に入るような実体があるのかどうか、けっして分からないから。

④ 画一的な情報をもとに「個性」を追いもとめても、別のだれかと同じになるばかりで、いつまでも自分の本当の「個性」を見つけられずに終わるから。

□ 6点

問四 傍線部③「豊かさ」とありますが、ここでいう「豊かさ」の内容として、明らかにふさわしくないものを一つ選びなさい。

① 限られた所有物を有効に活用する。
② 計画的に食料を生産したり、貯蔵したりしない。
③ 手に入れた食料は一度に使い切る。
④ 少ない労働時間で多くの物を手に入れる。

6点

問五 傍線部④「贅沢をさせろ」の意味として、最も適当なものを一つ選びなさい。

① 質素な生活でも贅沢に思える社会を取り戻すために、物質的な欲望はいっさい忘れなければならない。
② 過激になる一方の欲望を常に満足させることができなければ、豊かな社会とはいえない。
③ いつまでも消費し続けられる社会のためには、あり余るほどの商品が流通していなくてはならない。
④ 浪費のできる社会の中で、豊かな生活を送っているという満足感を味わいたい。

7点

5

問六　この文章の内容と明らかに合致しないものを一つ選びなさい。

①　ふだんは質素に暮らしていても、たまに浪費することができれば、その人の生活は豊かになる。

②　狩猟採集民が農業にたずさわることを選択しないのは、彼らが既に豊かな社会を実現しているからである。

③　真に豊かな暮らしを送るためには、食料に困ることのないように計画的な生活を送ることが大切である。

④　消費社会では、人々は欲しい物を手に入れても満足することができずに、常に欲望をかき立てられている。

［出典：國分功一郎『暇と退屈の倫理学』（朝日出版社）］

／40点

7点

6

評論

『芸術回帰論』

港《みなと》千《ち》尋《ひろ》

専修大学

目標解答時間 20分

本冊（解答・解説） p.68

世界的に広まった「ネガティヴ・ハンド」の「ふたつの特徴」が何かを考えながら読もう。

次の文章を読んで、後の問いに答えなさい。

それはある年の夏、南フランスの丘陵地帯でのことだった。旧石器時代の芸術で知られる洞窟を訪れるため高速道路を走り、近くの町へ降りる国道へ出たときのことである。料金所を出てアクセルを踏み込んだところで、大きな看板が視界を横切った。

人間の手。X モウマクに残ったイメージは、そう見えた。道路わきには似たようなビルボードが無数にある。新車、スーパーの安売り、化粧品……ヨーロッパならどこでも見かけるEUブランドの広告だ。それでもなぜか気になり、わざわざUターンして車を停めて、巨大看板をじっと眺めてみた。

赤褐色の岩肌に、白っぽく浮かび上がる掌。それはまさに目的地の洞窟に残されている、石器時代人の手の跡だった。観光用の案内かと思ったが、そうではない。それは大手の広告会社が自社をアピールするために、「A」として仕掛けたものだったのである。

南フランスからスペインにかけて点在する旧石器時代の洞窟からは、バイソンや馬などの絵とともに、通称「ネガティヴ・ハンド」と呼ばれる手のY痕跡が発見されている。岩肌に手を置き、そのうえから岩絵の具を吹き付けると、まるでネガのように手の影が残るところから、そう呼ばれている。紀元前二万年から三万年という時代だから確かに「最古」のイメージである。と同時に、ヨーロッパだけでなく、世界中の石器時代遺跡から発見されているという点で、普遍的なイメージでもある。

人類にとってもっとも古く普遍的なイメージ。それが国道沿いの看板に「最新の広告」として使われている。車に戻り、しばらく考え込んでしまった。

ネガティヴ・ハンドが何を意味しているのかは、まだわかっていない。単なる痕跡なのか、それとも記号なのか、世界中で発見されているにもかかわらず、わかっていない。ただひとつだけ、確かなことがある。それは人類が石器時代の長い時間をかけて、地球上のいたるところに拡《ひろ》がったということである。少なくとも誰かが、その場所に至り、自分自身の徴《しるし》として、手の痕跡を残したということである。

その意味では「グローバリゼーション」が生んだ、最初のイメージと呼ぶこともできるだろう。言葉の定義によるが、グローバリゼーションを、人類がひとつの世界へと拡張してゆく過程と捉えるなら、それは石器時代に始まったと言うことができるからである。

そのようなイメージが国際的企業によって「広告」として使われているという事実もまた、「グローバリゼーション」の証拠と言うことができる。その広告は、かつて洞窟の奥に残されていたイメージが、現代ではもはや特定の場所に存在しているのではなく、そうした看板、新聞からインターネットを通じて世界中で同時に流されている、「世界的なイメージ」であることを物語っている。情報通信技術と結びついた石器時代人の手の痕跡は、二重の意味での「グローバルなイメージ」として甦《よみがえ》ったと言うことができるだろう。ここには、グローバル化時代のイメージを考えるうえでヒントになる、ふたつの特徴が端的に示されている。

かつてイメージはすべて Z 偏在していた。ラスコーやアルタミラ、近年ではショーヴェといった洞窟が有名だが、石器時代の絵画が残されている場所はきわめて少ない。生き生きとした動物の絵は特定の洞窟の、特別な場所を選んで描かれている。どこでもよいというわけではない。石器時代の人間にとって、それらの絵を残すには、その場所でなければならないという何らかの特別な理由があったのである。

それは、その場所へ行かなければ、見ることができない。洞窟の場合には、真っ暗闇のなかを、かなりの危険を覚悟で進んでゆかなければならず、仮にその場所へ到達することができても、ランプの炎が照らし出す光のなかで、すべてが見えるわけではない。

イメージの偏在性は、それが広い意味での信仰を背景にしたとき、明確になる。神殿や寺院の一部となっている像はもちろんであるが、必ずしも建築や物理的な空間を前提にしない場合もある。たとえば身体的な装飾、「ボディペインティング」と呼ばれるような、人間の身体に直接描く文様は、それが特定の人間と結びついているという点で、B 洞窟絵画の偏在性と対になると言っていいだろう。先史学者のなかには、洞窟内部に見られる記号や文様は、人間の身体のうえにも描かれていただろうと想定する意見もある。それはオーストラリアや太平洋の島々、新大陸などで発見されている壁画とボディペインティングのあいだに、形態上の連関があるからである。

　神殿や寺院、教会がイメージの主要な場となった時代は、それが生み出した多くの傑作をとおして、わたしたちに圧倒的な影響を与え続けている。そこには特定の「場所」にあるというだけでなく、特定の「機会」にしか見せないという性格もある。特に貴重で、霊験をもつようなものになると「御開帳」を待たねばならない。［ C ］性を付されているようなイメージは、特定の空間と時間と結びついて、むしろ「ほとんど見ることができない」ものである。「ほとんど見ることができない」ことは、芸術が神話から独立した時代にも受け継がれている。（中略）

　だが今日のイメージを特徴づけているのは、もうひとつのヘンザイ性である。わたしたちの生活は、遍在するイメージに溢《あふ》れている。周知のように複製技術は版画の時代からグーテンベルクの活版印刷術の発明を経て、写真、映画、テレビジョンそして情報通信時代を導いた。この流れのなかで、イメージが人間のいるところならどこにでも存在するような、真の意味での遍在性を獲得するようになったのは、やはり十九世紀後半、写真術が印刷術とともに世界に広まって以降のことと言っていいだろう。

　イメージの遍在性とは政治・経済・文化の異なるレベルで進行した、特定のプロセスである。D それは単にイメージを複製できるという技術的な問題だけでない。それが遍在するには、分配され共有されるための力が必要である。それがどれほど優れたものであっても、特定の技術があるだけではイメージは遍在しない。それを使う権力があってはじめて、イメージは広い範囲に行き渡ってゆく。

問一 傍線部X「モウマク」の「モウ」を漢字で書き表すとき、正しいものを次の①～⑤の中から一つ選びなさい。

① 網　② 孟　③ 耗　④ 綱　⑤ 蒙

3点

問二 傍線部Y「痕跡」の「痕」を訓読みした場合、正しいものを次の①～⑤の中から一つ選びなさい。

① つめ　② やまい　③ かたち　④ てのひら　⑤ あと

3点

問三 傍線部Z「偏在」の意味としてもっとも適当なものを次の①～⑤の中から一つ選びなさい。

① 二つのものの間にはさまって存在すること
② 広くゆきわたって存在すること

③ 二つ以上の事物が同時に存在すること
④ あるところにだけかたよって存在すること
⑤ あちこちに散らばって存在すること

4点

問四　空欄 A に入ることばとしてもっとも適当なものを次の①～⑤の中から一つ選びなさい。

① 最古の広告
② 偏在するイメージ
③ 旧石器時代のイメージ
④ 最古で最新の広告
⑤ 普遍的なイメージ

8点

問五　傍線部B「洞窟絵画の偏在性と対になる」とあるが、それはどのようなことか。もっとも適当なものを次の①～⑤の中から一つ選びなさい。

① 洞窟内部に見られる記号や文様が、人間の身体のうえにも描かれていたことは奇跡的な偶然とする先史学者の意見があること

② 世界各地で発見されている壁画と、人間の身体に描かれたボディペインティングのあいだには性質の上でも形態の上でも対応があること

③ 神殿や寺院、教会がイメージの主要な場となった時代は、それが生み出した多くの傑作をとおして、わたしたちに圧倒的な影響を与え続けていること

④ 洞窟壁画のような貴重で、霊験をもつようなイメージは、特定の空間と時間と結びついて「ほとんど見ることができない」ものであること

⑤ 洞窟の場合には、その場所へ到達することができてもすべてが見えるわけではないが、ボディペインティングの場合は、人間のいるところならどこにでも存在するような、真の意味での遍在性を獲得していること

8点

問六 空欄 C を補う語句としてもっとも適当なものを次の①〜⑤の中から一つ選びなさい。

① 常　② 悪　③ 相　④ 習　⑤ 聖

6点

問七 傍線部D「それは単にイメージを複製できるという技術的な問題だけでない」とあるが、その理由としてもっとも適当なものを次の①〜⑤の中から一つ選びなさい。

① イメージの遍在は、情報通信時代の到来を待たなければならなかったから
② イメージの遍在を特徴づけるのは広い範囲での分配や共有であるから
③ イメージの遍在性の真なる獲得は、一九世紀後半以降のことだから
④ イメージの遍在性は、政治・経済・文化にわたる異なるレベルへの浸透が必要であるから
⑤ イメージが遍在するためには、それを使う権力が必要であるから

8点

〔出典：港千尋『芸術回帰論　イメージは世界をつなぐ』（平凡社）〕

40点

6

7

評論

『〈ひと〉の現象学』

鷲《わし》田《だ》清一《きよかず》

駒澤大学

目標解答時間　30分

本冊（解答・解説）　p.75

国家と個人が直接対面するようになったのはなぜか、を考えながら読もう。

次の文章を読んで、後の問いに答えなさい。

1 わたしはなぜここにこうしていなければならないのか、ここではない別の場所になぜあってはいけないのか。そういうふうに問いながら、ひとは〈わたし〉というものの別のあり方に憧れる。ボードレールは「ANY WHERE OUT OF THE WORLD　いずこなりとこの世の外へ」――個人的な趣味をいえば「この世の外ならどこへでも」という訳のほうが好きだ――という散文詩のなかで、ひとのそうした心根についてこんなふうに書いた。

　この生は、病人のめいめいが寝台を代えたい欲望に取り憑《つ》かれている、一個の病院だ。せめてストーヴの正面で苦しみたいと思っている者もあれば、窓のそばなら癒《いえ》るだろうと思っている者もある。

私は、今いるのでない場所へ行けば、かならず具合がよくなるだろうという気がするのであり、この引越しの問題は、私が絶えず自分の魂を相手に議論する問題の一つである。

――『パリの憂鬱』阿部《あべ》良雄《よしお》訳

(中略)ボードレールの「病人」たちも、あまたの別の場所を想起しながらも、最後は魂を爆発させ、「そして賢明にも」こう叫ぶのだった。――「いずこなりと! いずこなりと! この世の外でありさえすれば!」、と。

世界の外? それは〈秩序〉の外ということであろう。〈秩序〉の外では、〈わたし〉の存在の輪郭もまた崩壊してしまう。そう、*同一性の外である。ANY WHERE OUT OF THE WORLD はたぶん、そういう場所をさして言われている。とすれば、〈わたし〉は世界の外についに出られないのだろうか。世界の外が同一性の外であるとすれば、世界の外に出た〈わたし〉はもはや〈わたし〉ですらないはずだからだ。

2 住まうところを自由に選ぶ権利、職業を自由に選ぶ権利、(婚姻しないこともふくめて)婚姻の対象を自由に選ぶ権利、そしてみずからの思うところを自由に表明し、議論する権利、そして信仰の自由……。「自由な社会」とは、その理念からみれば、個人(あるいはその集合)がその生き方を自由に選ぶことのできる状態にあることを基本として設置されている社会である。個人の「自由」を権利として掲げ、国家がそれにもとづいてさまざまの契約関係を社会的に制度化すると同時に、それが侵されていないかどうかを司法的に

7

チェックする、そのような社会である。

　これを別の面からいえば、「国家」という理念化された共同体に「個人」がじかに連結されるような社会のあり方が設定されたということである。選挙、納税、戸籍・住民登録、子弟の就学、海外渡航、違法行為などにおいて「法」に抵触する行為があったとき、ひとは「国家」というものにじかに接する。が、通常は、「国家」は国家内のさまざまな団体・組織の行為を規制するものとして機能しており、「国民」が個人としてじかに「国家」と対峙《たいじ》するという場面はむしろ少ない。

　個人が「国民」として帰属する「国家」という理念的な共同体と、家族、地域社会、企業など個人が「市民」として帰属するもろもろの共同体とは、異なる共同体である。前者は制度として個人や集団を規制するものであり、後者は*エートスとして個人と集団の行動を規制する。

　しかし、それらは別々の場所で個人を規制するものではない。企業活動は言うにおよばず、個人がもっとも濃密なかたちで集合している家族にすら、「国家」は介入している。家族という制度（婚姻関係）のみならず、住宅の構造規制、公共施設・サーヴィスの利用といった場面で、家族は「国家」による規制を受ける。家族は、性を媒介にした人格的な集合の基本的な単位であると同時に、「国家」という制度の[a]としての機能を併せもっているのであって、それゆえに、ときに戸籍や義務教育にみられるような共同的なものによる個人管理の最小単位（国家の細胞）であるとともに、国家による管理や規制に抵抗する最終的な拠点ともなってきたのである。後者は、かつては、子弟の徴兵や就学強制への抵抗として現われた。

逆に「法」によって組織された国家機関もまた、官僚・司直・公務員として、理念的な組織の論理に貫かれているわけではなく、そこには集団の慣習的な規律（＝掟《おきて》）が浸透してゆく。官僚と企業や団体との談合であるとか、「ムラ社会」と呼ばれる政治家の利益共同体とか、「役人」の内部慣習とか、（軍律というよりもむしろ）軍隊社会の慣習や掟などは、国家理念とは別の次元で作動するものである。

[3] 共同性をめぐるこのような構図は、A 国家的なるものと私的なるものとのせめぎあいとして表現されてきたが、おなじように、そうした私的なるものの共同利害にかかわる公共的な領域においても、国家的制度と地域社会の慣習（ときに特定階層や民族集団、宗教集団であることもある）が激しく対立する場面がある。が、これらの対立や不正じたいが、最終的には国家の理法、つまりは「法」によって裁かれる。国家のこの理法に従わない者は、国家による [b] を受けることもできない。① 「法」を侵す者、あるいは「国民」として「登録」されていない者は、国家の直接の統治下にある施設に収容されるか、その領土の外部へと強制退去させられる。② 要は、強制収容か放逐である。③ わたしたちの社会では「国家」が、さまざまな中間共同体の、最後の、そして最強の「掟」として機能しているわけであり、その意味では理念としての存在でありながら、「国家」はあくまで、「出入り自由」な社会ではなく、空間的な輪郭と構成員の定かな最大の共同体なのである。

④ 国家の枠をはみ出て発動するさまざまな多国籍企業や*NPO・*NGOが活動領域をますます拡大しているし、なにより「国連」という超国家的な連合機関もある。⑤ それらの活動は「国際法」の規制を

7

受けるが、それらの法の妥当根拠はといえば、それは「人権」と呼ばれる理念である。⑥人類社会こそ「最上級の共同体」（V・ジャンケレヴィッチ）として措定されているのである。とはいえ、現在、地球のそこかしこで起こっている民族紛争や国際紛争にみられるように、それぞれの国家が、あるいは民族グループがそれぞれに「人権」の承認とそれぞれの国家・民族社会の「安全」の要求を掲げて争っている。「人類社会」は理念として措定されているが、現実にはそれぞれの国家もしくは民族グループが、それぞれの視角からこの「普遍的規範」を掲げるというかたちで、[c]を競っているにすぎない。

4 「国家」が現在のところ最大の共同体であるとして、国家はその最小化（「小さな政府」）をめざす傾向にありながらも、個人を規制するものとしては、逆にその存在がより大きくなっている。それは、国家と個人のあいだにある中間共同体というものが力を殺《そ》がれてゆくプロセスと表裏一体をなす。じっさい、「家」をどうしても守らなければならないという意識、会社に忠誠を誓わなければならないという意識は、あきらかに後退してきている。「家」や会社、さらには地域社会といった生活共同体内のもめ事を、国家機関としての司直の手に訴えて調整もしくは調停を図る機会はあきらかに増えている。これは「個人の権利」が中間共同体に対してより強くなったということであるが、[d]これによって、個人が直接、「上級」の共同体である国家にふれる機会が増えていった。B「家」、会社、地域社会のエートスや掟によりも、個人が「国家」的な掟への依存を強めるようになったのである。調停の主役は、それらの共同体の長であるよりも、あるいはもめ事の解決を談義というかたちで図る当事者たちであるよりもむしろ、「国家」の規則になったということである。

地域社会の弱体化というのは、とりわけて根の深い問題である。通勤というかたちでの就労（職住一致の解消）、物流の広領域化（地域内での交換・物流の崩壊）、金融と販売のネットワークの全国チェーン化……。日常の消費行動も、そうした地域社会を超えたシステムにいわばぶら下がるかたちでしかなしえなくなっている。銀行、通信・放送サービス、大型スーパー、コンビニという全国に張られたネットワークを外れたところでは、個人の生活もとたんに滞る。

中間共同体の消失というのは、このように「国家」と企業ネットワークという二つの巨大システムが社会の微細な神経として、個人の日常生活をその隅々まで侵蝕《しんしょく》してきている事実と*相即するものである。個人はいま、家族や会社のしがらみに窒息しそうになっているというよりも、むしろ個としてむきだしのまま、巨大システムからなる「社会」なるもののなかをばらばらに漂流していると言ったほうが、すくなくとも現代人の大方の生活感覚としてはリアルである。

注

同一性…筆者はこの本の別の箇所で、「この社会では、わたしたちは生まれてから死ぬまで自他ともに認める同一の存在でなければならない。同一の存在であるというだけでは不十分で（たとえば名前だけの名刺）、公的なものへの所属、同一の社会的属性、同一の居所を、いつでも明らかにする用意がなければならない。」と述べている。

エートス…ある民族や社会集団にゆきわたっている道徳的な慣習・行動の規範。

ＮＰＯ…行政・企業とは別に社会的活動をする非営利の民間組織。

ＮＧＯ…国家間の協定によらずに民間で設立される非営利の団体で、平和・人権の擁護、環境保護、援助などの分野で活躍している。
相即…二つのものが融合し、密接にかかわりあっていること。

問一 空欄**a**に入る最も適当な言葉を、次のア〜オの中から選べ。

ア 中核　イ 末端　ウ 権威　エ 包摂　オ 規制

3点

問二 傍線部**A**「国家的なるものと私的なるものとのせめぎあい」とあるが、これを説明した次の文章の空欄**X**に入る、最も適当な一文を、**2**（「住まうところを……作動するものである。」）から探し、その始めの十字を抜き出して記せ。ただし句読点や符号がある場合には、それも字数に数える。

X。だが、その二つの共同体は互いに無関係にあるのではなく、後者に前者が介入し、前者に後者の規律が浸透するというせめぎあいが見られる。

5点

問三 空欄**b**に入る最も適当な言葉を、次のア〜オの中から選べ。

ア 指弾　イ 検証　ウ 評価　エ 保護　オ 啓発

5点

問四　次の文は、本文中の①～⑥のどの箇所に挿入するのが最も適当か、その数字を選べ。

もちろん、現代社会では、国家よりも大きな共同体が模索されていないわけではない。

4点

問五　空欄cに入る最も適当な言葉を、次のア～オの中から選べ。

ア　確実性　イ　規則性　ウ　正統性　エ　先端性　オ　主体性

5点

問六　空欄dに入る最も適当な表現を、次のア～オの中から選べ。

ア　偶然にも　イ　皮肉にも　ウ　性急にも　エ　かりそめにも　オ　まがりなりにも

5点

問七　傍線部B「『家』、会社、地域社会のエートスや掟によりも、個人が『国家』的な掟への依存を強めるようになったのである」とあるが、これを説明した次の文の空欄Yに入る、最も適当な五字の表現を、**3**（「共同性をめぐる……競っているにすぎない。」）から抜き出して記せ。ただし句読点や符号がある場合には、それも字数に数える。

現代において、個人を規制するものとしての「国家」の存在が大きくなりつつあると同時に、**Y**の弱体化が進行しているために、個人が「国家」的な掟への依存を強めるようになったのである。

5点

問八　次のア〜カの中から、本文の内容に合致しているものを一つ選べ。

ア　「自由な社会」では、個人の「自由」にもとづく契約関係が国家により社会的に制度化されていて、「国民」が個人として「国家」とじかに対峙することがある。

イ　「自由な社会」では、個人の「自由」にもとづく契約関係が国家により社会的に制度化されておらず、「国民」が個人として「国家」とじかに対峙することがある。

ウ　「自由な社会」では、個人の「自由」にもとづく契約関係が国家により社会的に制度化されていて、「国民」が個人として「国家」とじかに対峙することはない。

エ　「自由な社会」では、個人の「自由」にもとづく契約関係が国家により社会的に制度化されておらず、「国民」が個人として「国家」とじかに対峙することはない。

オ　「自由な社会」では、個人の「自由」にもとづく契約関係が国家により社会的に制度化されていて、本来「国民」が個人として「国家」とじかに対峙することが少なくない。

カ　「自由な社会」では、個人の「自由」にもとづく契約関係が国家により社会的に制度化されておらず、「国民」が個人として「国家」とじかに対峙することが少なくない。

5点

問九　**二重傍線部「ボードレール」の詩も含めて、多くの近代ヨーロッパの象徴詩をいち早く日本に紹介した訳詩集に、上田敏《うえだびん》の翻訳によるものがある。その訳詩集名を次のア〜オの中から一つ選べ。**

ア　智恵子抄《ちえこしょう》　**イ**　新体詩抄　**ウ**　春と修羅《しゅら》　**エ**　山羊《やぎ》の歌　**オ**　海潮音

3点

40点

〔出典：鷲田清一『〈ひと〉の現象学』（筑摩書房）〕

8 評論

『いまを生きるための思想キーワード』

仲正昌樹《なかまさまさき》

近畿大学（改）

目標解答時間 20分

本冊（解答・解説） p.86

アーキテクチャに対する筆者の問題提起とそれに対する筆者の考え（＝答え）をつなごう。

次の文章を読んで、後の問いに答えなさい。

近年、社会学や法哲学、文芸批評などの分野で、社会的規制の手段としての「アーキテクチャ」の有用性とそこに秘められた危険が話題になっている。「アーキテクチャ」というのは当然、英語の〈architecture〉のカタカナ表記であるが、この場合は、「建築」あるいは「建造物」というより、人間の行動の範囲を物理的に制約するように設計されている、環境的な「構造」を意味する。ごく身近なところで言えば、家の門やドア、鍵などは侵入者を防ぐためのアーキテクチャだし、携帯電話やパソコンの認証システムは所有者やアクセス権保持者以外の者が勝手に使うことを防ぐアーキテクチャである。この手のアーキテクチャは私たちの生活の至る所にあり、その多くは当たり前のものとなっているので、規制の手段であることは意識されにくくなっている。

こうしたアーキテクチャは、恐らく、人類文明と同じくらい古くからあるはずだが、これを社会的規制の一つの様式として理論的に位置付けたのは、アメリカのサイバー法学者ローレンス・レッシグである。レッシグは、社会的規制の手段を、①法、②市場、③社会規範、④アーキテクチャの四つに分類している。社会規範というのは、簡単に言うと、社会で通用している道徳やルール、慣習などのことであり、直接的な強制力は持たないが、違反した人の社会的評価を落とすので、それなりの ⓐコウソク力を持つ。市場は、取引に参加するための条件という形で、市場に参加する人の行為を規制する。

従来は、具体的な項目を予め定めたうえで、それに違反した人を警察などの力を動員して取り締まる「法」が、最も代表的な規制手段であった。しかし、社会が複雑化し、人々の振る舞いやライフスタイル、価値観が［ 6 ］化していく中で、①従来的な意味での「法」だけでは解決できない紛争事例、問題状況が増えたことと、各種の科学技術の発展によって「アーキテクチャ」的な規制の可能性が拡がっていることが相まって、社会規制の中で「アーキテクチャ」の占める割合が増大しつつある、という。

例えば、インターネットの発達によって、動画共有サイトによる著作権侵害のような、従来になかったタイプの問題が増えている。勿論《もちろん》、ネット上での他人の権利侵害を法律で取り締まることは可能であるが、現行法で十分に対処できないとしたら、新たな法律を制定したり、現行法を改正する必要がある。それにはかなりの時間がかかる。法律が整備されても、元々匿名性が高く、かつ自分の身元を隠すための様々な技術的手段も備わっている広大なネット空間の中で、全ての違反行為、違反者を見つけ出すのは難しい。見つけて

8

も、法に基づいた制裁ⓑソチを取るまでに手続きが必要だ。法に頼っていたのでは、時間がかかりすぎるので、経済的損失を防ぐうえであまり有効ではない。また、匿名性が高いせいで、違反者が市場や社会規範によって制裁を受ける可能性も低い。

それに対して、そもそも著作権侵害自体が不可能になるような技術的な仕組みを、ＤＶＤや録画機などに組み込んでおくのはずっと簡単である。禁止されている場所で携帯を使う人をいちいち注意するよりは、受信不可能な構造にしてしまった方が、注意する人手が省けるし、お互いに嫌な思いをしないですむ。飲酒運転に対する罰則を強化するよりも、ハンドルにⓒコキのアルコール濃度検知器を取り付け、検知したらエンジンがかからないようにしておく方が効果的だ。

では、法による規制に取って替わるように、アーキテクチャによる規制の割合が高まっていることは、私たちの生き方にどのように影響を与えるだろうか？　近代法の特徴は、守るべきルールをできるだけ曖昧《あいまい》さが残らないようはっきり定め、それを人びとに周知させ、違反した人を取りしまるところにある。つまり、言語を通して各人の意識に働きかけて規範への順応を促したうえで、それでも出てくる違反者に事後的に制裁を加えることで、違反者が増加しないよう各人の意識に改めて働きかけるわけである。それに対してアーキテクチャは、規範に反する行為が物理的に不可能な環境を作ることを本質とする事前規制である。しかも、その規制は、規制される当人がそのことを意識していると否とにかかわらず、作動する。人間の意識を経由しないで、身体に直接的に働きかけるわけである。

人間の意識とは関係なく、身体の動きをコントロールすることを可能にするアーキテクチャは、②非人間的であるように思える。しかし見方を変えれば、アーキテクチャのおかげで各人は、いちいちルールを覚え、日々の生活の中でそれを守るため気を遣い、違反したら他人から非難や制裁を受ける、という煩わしさから解放される。法は、私たちに自らの行動を決定する「主体性」があることを認めるが、それは裏を返して言えば、自己の行動に責任を持たされるということである。アーキテクチャは、「主体性」の問題を括弧《かっこ》に入れることで、私たちを（良識ある市民として負わされている「責任」の重荷から）自由にしてくれるかもしれない。

現在の科学技術では、本人に全く意識させないまま各人の行動を規範に適合するよう完全にコントロールすることは困難である。私たちの生活には、機械的なものの制約を受けていない部分がまだかなりある。法的規制をアーキテクチャへと全面的に置き換えるのは今のところ無理である。

しかし、本人が全く気付かない内にコントロールできるほど、ソフトかつ速やかに作動する各種の技術が開発され、それらを応用したアーキテクチャが私たちの生活全体を覆い尽くすようになるとすれば、話は違ってくる。生まれた時からアーキテクチャに取り囲まれて生きている人たちは、その状態を、人間が空を飛べず、酸素がないところで生きられないのと同じくらい〝自然〟に感じるようになるだろう。そうなると、各人に苦痛を与えることなく、社会秩序を維持できるアーキテクチャの理想が実現することになる。

「自由意志の主体」（中略）という制度的虚構を不要にする可能性を秘めたアーキテクチャは、脱近代化した社会における幸福を論じている東浩紀や宮台真司、功利主義系の法哲学者である安藤馨（一九八二―）等から注目されている。個人の自由や権利、正義をめぐる抽象的な問題は、幸福や安全といった物理的・具体的な問題に還元することができる、という立場を取るラディカルな功利主義者にとっては、個人に権利主体としての面倒な責任を押し付ける「法」の「支配」に代わって、「アーキテクチャ」による③痛みなき統治が完成するのは歓迎すべきことである。

ただ、「アーキテクチャ」を歓迎する前に考えておくべきことがある。それは、「アーキテクチャ」が〝第二の自然〟になった世界では、法的虚構としての「自由意志の主体」が不要になるだけでなく、私たちの意識の在り方、特に④判断能力が実体的に変化するであろうことである。現在、私たちはこの世界の中で、自分がこれからやろうとしていることが正しい選択か、ルールに反していないか、個々の場面で判断している。この道路を横切ってもいいのか、この人と取引してもいいのか、このソフトをダウンロードしてもいいのか、このメッセージを無視してもいいのか……と。その判断の瞬間に、私たちは〝主体〟になる（と感じる）。

しかし、高度のアーキテクチャに覆われた世界では、私たちの欲求実現を助けてくれる様々なプログラムが、望ましくない選択肢を予め排除し、私たちの意識に上らないように調整することが考えられる。児童ポルノとか毒物や麻薬の違法取引、自殺の勧めなどのサイトが最初から目に入らない、存在が認知されないとすれば、それらに対する欲求自体が形成されなくなる。欲求が最初からなかったら、何かが禁止されていて、「私」の自由が制限されている、という意識自体が生じて来ない。つまり、規制されているという不快感を全く与えないまま規制できるわけである。そうなると、「私」は、善／悪、正／不正の判断をしないまま快適に生き続けることになるので、そうした判断能力を失うことになるかもしれない。そうなると、アーキテクチャに「法」や「社会規範」の中身も決めてもらう方がいいかもしれない。アーキテクチャが自ら規範を定め、それに対する〝違反〟が生じないようなプログラムを構築するわけである。

　規範的な判断をアーキテクチャに委ねるのが合理的であり、かつ各人にとって快適であるということであれば、そこから更に進んで「私」にとって最善の選択を常にアーキテクチャに選んでもらうようにしたら、無駄なことでいちいち思いわずらわないですむ、ということにもなりそうだ。各人がアーキテクチャに行動の選択を全面的に任せていたら、他の人との間でトラブルが生じることもほとんどないだろうし、万が一事故が生じても、アーキテクチャのプログラムによってすぐに修正されるだろう。

　社会生活の全てをアーキテクチャに任せるのであれば、私たちの心がアーキテクチャの〝判断〟に反することがないよう、完全にマインド・コントロールしてもらった方がいい、という考えも出てくる。「私」の心身が最も快適な状態に保たれるよう、アーキテクチャが「私」をソウⓓジュウしてくれるとしたら、極めて楽である。外界でおかしなことが起こっても、「私」がそれを認識しないですむように意識をコントロールしてもらったら、「私」は一切不快感を覚えないですむ。そして、アーキテクチャの存在自体も隠してしまえば、「〝私〟のこの快適さは、〝私〟以外の何ものかが作り出しているかもしれない」というような〝邪念〟も生じて来なくなる。

それが、映画『マトリックス』で描かれた世界である——厳密に言うと、『マトリックス』の世界では、ネオなど複数の人が〝目覚め〟て抵抗しようとしている（ように見える）ので、完全なアーキテクチャ支配の世界ではない。『マトリックス』のようなほぼ完全なヴァーチャル・リアリティの中に人間の意識を完全に閉じ込めることが技術的、原理的に可能なのか、今のところ分からない。現在生きている〝私たち〟の大多数が、そうした⑤主体性ゼロの世界を気持ち悪いと感じるのは確かだろう。しかし、アーキテクチャ的なものの私たちの日常生活へのⓔシントウが進むにつれ、その気持ち悪さも徐々に薄れていき、知らない内にアーキテクチャにかなりコントロールされているかもしれない。

そういう視点から改めて考えてみると、〝私たち〟の意識は、周囲の自然的あるいは技術的環境によって既にかなりの制約を受けており、その範囲内でのみ「自由」があるのではないか、と思えてくる。

問一　二重傍線部ⓐ～ⓔの漢字と同じ漢字を含むものを、次の各項の中からそれぞれ選び、その番号をマークせよ。

ⓐ　1　薬のコウリョク　　2　急コウバイ
　　3　複雑にコウサクする　　4　コウチ所

ⓑ　1　言文イッチ　　2　エイチを集める
　　3　適切なショチをする　　4　工事がチエンする

ⓒ
1 コジ来歴　2 名前をレンコする
3 コテン的な名著　4 コリツ無援

ⓓ
1 クジュウをなめる　2 ジュウナンに対処する
3 ジュウオウ無尽　4 シュジュウ関係

ⓔ
1 援助をシンシャする　2 床下シンスイ
3 シンシュク自在　4 ショシンによる通知

ⓐ	ⓑ	ⓒ	ⓓ	ⓔ

1点×5

問二　空欄 6 に入る言葉として、最も適切なものを次の中から選び、その番号をマークせよ。

1 多元　2 画一　3 空洞　4 過激

4点

8

問三 傍線部①の機能にあてはまらないものを次の中から一つ選び、その番号をマークせよ。

1 予め明文化された項目に違反した人間を警察などの力で取り締まる

2 違反行為をした者に罰則や制裁を加えることによって違反を抑制する

3 行動の自由選択の権利を人々に与えるとともに責任をも持たせる

4 違反行為ができないように人々の行動に対して技術的な規制をかける

5点

問四 傍線部②の理由として、最も適切なものを次の中から選び、その番号をマークせよ。

1 人間の無意識の世界に入り込むことで行動を規制するものだから

2 人間の本能に素直に従った消費行動を無情にも禁止するものだから

3 人間が意識的に自らの行動を決定する主体化の契機を欠くものだから

4 人間が守るべきルールを厳密に制定し行動を強く縛るものだから

5点

問五　傍線部③の説明として、最も適切なものを次の中から選び、その番号をマークせよ。

1　アーキテクチャによる行動の制約が所与として遍在するため、人々がことさらそれを意識することなくむしろ自然なものに感じるということ

2　生活に関わる法が誰にも気づかれないレベルで速やかに機能しているため、人々が精神的な苦痛を感じずにすんでいるということ

3　罰則が身体に直接的に加えられるのではなく、権利や責任といった抽象的な次元で人々にごく自然に作用するということ

4　法的規制からアーキテクチャによる操作へとスムーズに移行することで、誰の損失もなく社会秩序が維持されるということ

5点

問六　傍線部④の説明として、最も適切なものを次の中から選び、その番号をマークせよ。

1　社会秩序に反する欲求が人びとの意識に上らないように環境面から操作された結果、善悪を自身で判断しなくなるということ

2　気づかぬところで巧妙に生活空間をコントロールされた結果、自分の快／不快を判断する権利すら奪われるということ

3　法や社会規範さえもアーキテクチャによって決められた結果、それに違反しているかどうかを自身で判断する能力を失うということ

4　生活上の行動の選択全般をアーキテクチャに委ねた結果、時間的な余裕が発生し各種判断の精度が向上するということ

□
5点

問七　傍線部⑤の説明として、最も適切なものを次の中から選び、その番号をマークせよ。

1　高度なアーキテクチャに囲まれ不要な選択肢が排除された結果、意志や欲求自体も形成されなくなった世界

2　社会生活が法とアーキテクチャの双方に規制され、規範違反に対する制裁が隈《くま》なく制定された世界

3　アーキテクチャが法や社会規範の内容を全て決定し規制する状況に、人々が隷属を強いられている世界

4　日々の生活の最善の選択は全て社会規範により決定され、人間が煩わしさから解放された快適な世界

□
5点

問八　**本文の内容と合致しないものを、次の中から一つ選び、その番号をマークせよ。**

1　科学技術の発展により、いまや社会規制において法が果たして来た役割をアーキテクチャに完全移行することが可能となっている。

2　人々が一切不快を感じることなく、しかもそのことへの疑念も抱かないような社会統治こそがアーキテクチャの理想形だと言える。

3　人間の行動はメディアの影響だけでなく、本能的な欲望に由来する側面もあるが、後者の行動を制御することも不可能ではない。

4　生活がアーキテクチャに覆われることで煩わしい選択をしないですむようになるが、その代償として自由を失うこともありうる。

6点

［出典：仲正昌樹『いまを生きるための思想キーワード』（講談社）］

／40点

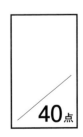

9

評論

『日本的感性』

佐《さ》々《さ》木《き》健《けん》一《いち》

専修大学（改）

目標解答時間　20分

本冊（解答・解説）　p.98

日本人と西洋人の感覚の違いを対比的に押さえよう。

次の文章を読んで、後の問いに答えなさい。

わたし自身が、西洋人との感じ方の違いを痛感し、民族によって感じ方には微妙な違いのあることを直観し、日本人の感じ方を解明したい、と考えるようになったXタンショは、花の好みの違いであった。かつて三年間、毎年ひと月ほど、集中講義のため、マイストリヒト（オランダ）の美術大学に滞在したことがある。（中略）最初の年、今年は花見はできないな、と思いつつ出かけた。小さな大学だが、その構内には一本のかなりな大木があり、木肌は桜に似ていた。そう思って見ているうちに、蕾《つぼみ》が色づき、ほころんで、やがて日本の時期よりは早く、満開の桜となった。同行の妻もわたしも、これに見とれて幸せだった。ところが、大学のスタッフも学生たちも、A満開の桜に対して無関心のようであった。この中庭に面して図書室があり、そこは全面ガラスで、陽光がいっぱいに差し込むようになっていた。驚いたのは、そこで働いている司書の女性が、それを桜と知らないのはもとより、いま満開に咲き誇っている、という事実にさえ気づいていなかったことである。花壇に植えられたバラやチューリップならば、無関心ではいないはずである。関心があればこそ、そこかしこに花壇を作り、これらの花を植える。

バラやチューリップは、一輪であっても、それとして観賞する対象になる。美貌の女優やモデルに捧《ささ》げられるありふれた形容として、「大輪のバラのような」という言い方がある。(中略)これに対して、「あなたは桜の花のようだ」と言われたなら、女性はさぞかし戸惑うことであろう。美しいと言われているのかどうかさえ、定かではない。もちろん、桜の花は美しい。しかし、女性の美貌を形容するものではない。なぜなのか。桜の花は見つめるべき対象となるには小さく、その美しさは群生の美だからである。花のトンネルは、この特質を見事に表現している。大輪のバラは見つめる対象だが、群生する桜はわれわれを包み込む。

この違いに注目するならば、バラと桜の対立は、実は見かけ以上に根の深い問題で、身体感覚や感性の違いに及ぶことが見えてくる。B西洋の近代思想は、認識する「我《われ》」を中心におき(主観)、この我が対象(客観)を捉える、という主観－客観の軸に添って構成された。この機軸の意味は、主観が対象を支配することであって、その逆ではない。「我」が対象を受容するのではない。「我」がその対象を対象として成り立たせている、という考えである。(中略)しかし、近年、この人間中心主義に対する批判と反省の意識はいよいよ強くなってきている。例えば、ドイツの哲学者ゲルノート・ベーメは、雰囲気というあり方に注目している。より正確に言うならば、もののあり方のなかの、対象的な側面よりも雰囲気的な側面に注目している。意識は対象を支配するが、雰囲気にはわれわれの方が包まれる。（中略）そのかれが強い関心を示してくれたのが、桜のうたを素材として美の性格を論じた Y 拙論である。

本書の主題は美ではなく感性だが、焦点を変えつつ、同じうたを糸口として、議論を始めよう。それは、よく知られた与謝野晶子《よさのあきこ》（一八七八〜一九四二）の次のうたである。もちろん、ここでの注目点は、対象として立ち現われる花に対する、われを包むような花のあり方であり、それに応ずる感性である。対象に向かう意識が視覚的であり、知性に傾斜するのに対して、花に包まれるとき、意識は拡散し、その美は触覚的に、全身で感じ取られる。

清水《きよみず》へ祇園《ぎおん》をよぎる桜月夜こよひ逢《あ》ふ人みなうつくしき　（『みだれ髪』）

（中略）ときに晶子は二二歳。前年に初めて逢った鉄幹《てっかん》に、この年の二月、粟田山《あわたやま》（京都の東山）で再会し、「一夜妻」として結ばれた。その鉄幹を追って六月に上京し、八月には『みだれ髪』を出版、十月に結婚している。幸福感の謂《いわ》れは明らかだ。このうたのとき、晶子が独りでいることも疑いない。恋人連れならば、「こよひ逢う人」に意識を向けることはなかったろう。夜桜見物の人の波のなかに独りいて、おそらくは恋人の存在を確信しつつ、幸福感に酔っていた。

技法的には二つの特徴が目につく。一つは「うつくしき」という体言止めである。文末を終止形ではなく、連体形にする技法だが、もともと連体形はそのあとに体言が続くかたちなので、そこで止めると、体言を言わずに置くことによる余情を残す。晶子はこのかたちを好んだ（例えば、「うすものの二尺のたもとすべりおちて蛍ながるる夜風の青き」）。もう一つは、「桜月夜」という用語である。この名詞句に違和感を覚えるひとは多くはなかろうが、これは晶子の造語らしい。語彙として認知された「〜月夜」という言い回しはたくさんあり（朧月夜《おぼろづきよ》、夕月夜、星月夜など）、「木の下月夜」や「卯《う》の花月夜」のような語彙と較べて、「桜月夜」はよほどつくりものの感じが薄い。（中略）

つまり、技巧的にはシンプルなうたである。そこで佐藤春夫《さとうはるお》は、「桜月夜という造語だけがめずらしい」と言い、「文字通りの歌で、**C**駄作」と決めつけている。（中略）この評価は、明らかにモダニスト的な形式主義の美学に依拠している。形式主義に従えば、作品の内容（情景や情感など）は、独特のかたち（表現）によって造形されたものでなければならない。凡庸なかたちが表現しうるのは、凡庸な内容にすぎない。しかし、少し以前の古典主義的な美学は、「素直な表現」なるものが、決して印象通りに容易なものではないことをみとめていた。以下に示すように、このうたは他の作品には見られない感性のタイプを捉えている。その一事だけでも価値を認めてしかるべきであり、これを駄作というのは偏った判断と言わなければなるまい。もっとも、われわれにとって問題は、感性のあり方であり、それを表現している作品の価値ではない、ということも断っておかねばならない。

ではこの作が結晶させている感性はいかなるものか。「**D**うつくし」という形容詞に注目しよう。（中略）

『みだれ髪』の時期の晶子は、この語を好み多用している。そもそも「～が美しい」というようなストレートな表現は、教科書的な作文術では禁じ手に相違ない。それがどのように美しいかを読者に実感させてこその表現であり、解答だけを記すのは、最も藝《げい》のない表現である。しかし、そのためか、このためらいのない表現には、却《かえ》って大胆さが感じられる。しかも稚拙な感じを与えないのは、なぜであろうか。それは、この直《ちょく》截《せつ》な言い方が、美しさの独特の感じ方を伝えているからだ、と思われる。

例えば、「ゆあみする泉の底の小百合花二十の夏をうつくしと見ぬ」（『みだれ髪』）を考えてみよう。明るい日差しのなかで湯船に横たわり、水を通して見える自らの肉体を美しいと言っているのだが、その感嘆にナルシスト的な響きは希薄である。その対象が、《わたしのからだ》ではなく、「二十の夏」だからである。まるで自分のものでないかのように、その若さをほれぼれと見つめているのである。造形的なかたちのよさや色彩などの問題ではない。美しいのは、生命の充実である。

問一　傍線部X「タンショ」の「タン」を漢字で書き表すとき、正しいものを次の①～⑤の中から一つ選びなさい。

① 端　② 単　③ 短　④ 反　⑤ 坦

2点

問二　傍線部Y「拙論」の意味としてもっとも適当なものを①～⑤の中から一つ選びなさい。

① 最近発表された論文
② かつて発表された論文
③ わたしの論文
④ よく知られた論文
⑤ 会心の論文

4点

問三　傍線部Ａ「満開の桜に対して無関心」である理由として、もっとも適当なものを次の①〜⑤の中から一つ選びなさい。

① 司書の女性は花に関心が薄く、桜が満開であるという事実にさえ気づいていなかったから

② 桜が花壇に植えられたバラやチューリップのような観賞する対象ではないから

③ 「あなたは桜のようだ」と言われても美しいと言われているのかどうか定かではないから

④ 桜の花が美しいことはわかっているが、女性の美を形容するものではないから

⑤ 桜の花は見つめるべき対象となるには小さく見栄《みば》えがしないから

8点

問四　傍線部Ｂ「西洋の近代思想」の説明としてもっとも適当なものを次の①〜⑤の中から一つ選びなさい。

① 西洋の近代思想においては、認識する我と認識される対象という、支配関係を相互置換可能な主観－客観の軸に添って構成される

② 西洋の近代思想においては、認識する我が中心にある一方で、認識される対象は周辺にあり、互いに独立しあっている

③ 西洋の近代思想は、近年批判と反省にさらされているが、それには多分に雰囲気としての側面がある

④ 西洋の近代思想においては、我があって対象が対象として成り立つのであり、対象が主観を支配することはない

⑤ 西洋の近代思想においては、主観が対象を支配し、同時に雰囲気が両者を包み込むという点が機軸とされている

9点

問五　佐藤春夫が傍線部C「駄作」と決めつけた理由として適当でないものを①～⑤の中から一つ選びなさい。

① モダニスト的な形式主義の美学に合致していないから

② 作品内容が独特なかたちではなく凡庸なかたちで表現されているから

③ 独特なかたちの造形をとらなかったのは凡庸な内容しかこめられていないからだと考えたから

④ 「素直な表現」は決して印象通りに容易なものでないことをみとめていたから

⑤ ただ書かれてある通りの歌で、それ以上の意味はこめられていないとみたから

8点

問六　傍線部D「うつくし」の説明としてもっとも適当なものを次の①〜⑤の中から一つ選びなさい。

① 晶子の「うつくし」は、観賞する対象の造形や色彩に対するものでなく、生命の充実を日本の伝統に則した古典的美学で表した形容である

② 晶子の「うつくし」は、モダニスト的な形式主義の美学を進化させた表現であり、若さに対する自負と憧憬を大胆に表現した形容である

③ 晶子の「うつくし」は、教科書的な作文術では禁じ手であり、佐藤春夫は古典的美学の観点からこれを非難したが、生命の充実の表現としては十分成立している

④ 晶子の「うつくし」は、対象に対する凝視ではなく、われわれを包む雰囲気の側面から生まれたもので、視覚的で、知性に訴えかける力を持っている

⑤ 晶子の「うつくし」は、対象に没入したわれわれが覚える雰囲気や触覚的に全身で感じる充実した美を表しており、独特の感性を表す表現といえる

9点

〔出典：佐々木健一『日本的感性　触覚とずらしの構造』（中央公論新社）〕

／40点

10

評論

『民族という虚構』

小坂井敏晶《こざかいとしあき》

東洋大学（改）

目標解答時間　35分

本冊（解答・解説）p.106

集団的記憶が常に再構成されていくことを理解しよう。

次の文章を読んで、後の問いに答えなさい。

個人的記憶にみられる合理化と捏造《ねつぞう》の仕組みは、集団的記憶が作り出される過程においても当然ながら機能する。(1)

しかし、集団的現象を分析する際には、あたかも集団自身が思考したり記憶するかのような［Ａ］的記述を戒めなければならない。民族同一性を支える集団的記憶や文化は、共同体というモノが育む記憶でもなければ、構成員全員が同じ内容の記憶や文化を保持するわけでもない。共同体を一枚岩の存在として捉えてはならない。いつの時代も、人間の作る政治・文化共同体は多様な信念・世界観を持つ男女によって営まれるのであり、社会の構成員は各自それぞれのイメージを通して民族同一性を表象する。(2)

イデオロギー・宗教・科学・芸術・言語・価値・道徳規範・常識など、集合的に構成される精神的産物は、多くの人々がしかも時間のズレを媒介に相互作用する中からできあがってくる。そこには必ず情報交換が夥《おびただ》しい頻度で行われている。ところで社会は、世代・性別・社会階層・政治信条・宗教などを異にする人々により構成される。このように様々な人々の相互作用の中での情報伝達は、既存の世界観に新しい要素が並列的に加えられることではあり得ない。そこでは、既存の構造と〈異物〉との葛藤から、捨象・付加・歪曲などが無意識的に生まれ、能動的な合成・統合が行われる。言い換えるならば、Ⅰ情報交換・伝達は同一社会内であっても、異文化受容の過程として理解しなければならない。(3)

共同体に属する人々が同じイメージを持っていなければ、集団同一性の感覚はどこから生まれるのか。しかし、集団的記憶や文化の実体性を否定しても、集団同一性の感覚が消失するわけではない。それは、言葉の意味やその指示対象の同一性が共有されなくとも、言葉によるコミュニケーションが可能なのと同じだ。(4)

一般に言葉の意味は、それを使用する人によってかなり異なる。「時間」「仕事」など日常会話に不可欠な言葉でも、それを発する者が多忙なビジネスマンであるか、芸術家であるか、物理学者や哲学者であるかによってⅡ言葉の意味はずれている。さらに「神」「金」「女」など、豊かな暗示的意味が含まれる場合は、同じ言葉を使用しても話者の世界観に応じて脳裏に浮かぶ表象はまるで異なる。しかし言葉の使い方に大きな齟齬《そご》がなければ、コミュニケーションは十分に成立するのである。(5)

歴史小説の主人公について議論する場合を想像しよう。例えば親鸞(注1)という歴史的人物をとれば、どの作家が書いた小説を読んだかによって「親鸞」という a メイジの意味内容は異なる。そして、親鸞を実際に知った人の持つイメージとはさらに大きくずれているだろう。あるいは小説に登場する**b**カクウの人物をめぐって会話もできるし、誰も出会ったことのない神について議論もできる。(6)

よく言われるように、**B** とは常に現在によって再構成される営為である。したがって、理解しようとする人々が現在おかれる状況によって、同じ出来事が違う角度から評価され、場合によっては正反対の意味が与えられることさえある。いわゆる**Ⅲ**「アメリカ大陸発見」と通称される史実をめぐって、歴史教科書にどのような記述がなされているかを七〇カ国にわたって分析した共同研究は、叙述が国ごとに非常に異なる事実を明らかにしている。(7)

例えばアルジェリアやモロッコなど北アフリカ諸国の教科書は、アラブ人の功績を評する視点から「アメリカ大陸発見」を理解する。中世の未開地帯にすぎなかったヨーロッパがこのような偉業を成し遂げた背景には、羅針盤やアストロラーベ(注2)の発明など、アラブ世界が発展させた科学技術の存在を忘れてはならないし、コロンブス(注3)に進路を決定させた地球球体説もアラブ人が提唱した理論だと主張されている。「アメリカ大陸発見」に必要な知識のうちでヨーロッパ人が創出したものは**c**カイムであり、アラブ人がすでに考え出したものをヨーロッパ人は技術的に向上させたにすぎないという。それから、ヨーロッパだけに奴隷貿易の責任を課し、自らもアフリカの黒人を奴隷にしていた事実は不問にされている点も注目される。(8)

奴隷貿易の犠牲者を多く出した、サハラ砂漠以南に位置するアフリカ諸国の教科書は、「アメリカ大陸発見」が引き起こした非人道的行為の説明に多くの頁《ページ》を割く。それは南アフリカ共和国の教科書がまったく奴

隷貿易に触れていないのと対照的である。(9)

先住民の殺戮《さつりく》あるいは支配によって建設されたアメリカ合衆国とカナダの場合も、ある意味では南アフリカ共和国の教科書とよく似た記述構成をとる。「インディアン」と呼ばれる人々が原住民としてではなく、ベーリング海峡(注4)を渡ってヨーロッパ人よりいち早くアメリカ大陸に上陸した植民者として描かれている点が興味深い。「アメリカ大陸発見」はインディアンとヨーロッパ人入植者との間に繰り広げられた闘争の歴史ではなく、インディアンも含めて世界各地から新天地に人々が次々と入植していった歴史を意味する。このような記述の論理においては、インディアンは原住民ではなく、他の集団に比べてより早く入植した先住民にすぎなくなり、彼らの居住権が［ C ］化される。(10)

また、アメリカ合衆国とカナダの教科書は基本的にイギリス人の視点を採用していて、主にスペインとイギリスとの間の覇権争いという観点から歴史が描かれている。「アメリカ大陸発見」を人類全体の偉業として讃《たた》える点にも、スペインの役割を過小評価し、イギリスの劣勢を背景に押しやろうとする動機が読みとれる。(11)

それに対して、虐殺の犠牲になった先住民、奴隷として連行されてきたアフリカ人、イベリア半島(注5)からやってきた d セイフク者が入り交じりながら社会が形成された中南米諸国の場合は、自らの同一性を問うという観点から新旧両大陸の関係が描かれている。しかし同じ地域にあっても、先住民からの公然な土地略奪や徹底的な先住民掃滅戦を経て、ヨーロッパからの移民のみで国家を建設したアルゼンチンの場合は、近隣諸国とかなり異なる。アルゼンチンの教科書の視線はもっぱらヨーロッパに向けられており、カナダやアメリカ

10

合衆国の場合のように、先住民の痕跡《こんせき》ができるだけ消されている。⑿

ヨーロッパ諸国の教科書に共通する特徴としては、ヨーロッパという e ホウカツ的単位を史上初めて誕生させた契機として「アメリカ大陸発見」が規定されている点を指摘できる。ギリシャ・ローマ・シャルル(注6)マーニュ・ f シンセイローマ帝国などといったヨーロッパ内部の指標ではなく、まったく異質な他者との出会いがヨーロッパという [D] の礎石を据えたという視点が注目される。⒀

最後に日本の教科書の傾向についても触れておこう。「アメリカ大陸発見」の推進力としてキリスト教の果たした役割が軽視されるとともに政治経済的要因が重視され、ヨーロッパ諸国間での覇権争いの側面が強調されている点が目につく。ソ連や中華人民共和国を例外とすれば、どの国の教科書でもローマ法王が [X] 的権威として登場するのに対し、日本の教科書においては、敵対する勢力間の紛争を解決するための [Y] 的調停者というイメージが前面に押し出されている。ある中学生用歴史教科書は「ヨーロッパ世界の拡大」と題する章を開始するに際し、「国の繁栄と君主の地位の安定のためには、犯罪に値する行為であっても必要ならば国王は実行しなければならないという思想がマキャベリ(注7)によって導入された」と紹介し、「宗教や道徳を無視して、政治力や軍事力を重要視しなければならないとする、このような思想がヨーロッパに起こった結果、世界はどう変化していったのだろう」という疑問を生徒に投げかけている。⒁

このような覇権主義的な歴史理解の背景には、Ⅳ日本が西洋に向かい合った過去の歴史の投影が見える。日本が一九世紀中葉に出会った西洋は、文化的存在である前に何よりも先ず、強大な経済力を背景とした帝国主義勢力として、あるいはもっと端的に言って一つの恐るべき力として姿を現わした。その危機的状況の中で日本は、西洋という力に対抗する、もう一つの力として自らを形成していった。そこから、異質な力である西洋とそれに競合する力としての日本という図式が出来上がり、それ以外の地域の民族は両者によって支配される単なる対象と見做《みな》されるようになった。そしてこの構図は現在も基本的に変わっておらず、西洋や日本という先進国以外の人々を「その他」としてひとくくりにする日本人が少なくないという事実にも反映されている。⒂

確かにどの国においても歴史教科書に対して国家による何らかの統制は行われている。しかしこれら歴史解釈にみられる忘却や歪曲は、記述する側の世界観が無意識的に反映されて起こるのであり、権力の介入のみでは説明できない。歴史の歪曲を否定的な角度からのみ判断するのではなく反対に、人間の営為すべてを貫通する積極的な能動性をそこに見るべきだ。⒃

過去に生じた出来事に対する想い出の単なる累積物のようなV静的なイメージで集団的記憶を捉えるのは誤っている。日々の新しい経験が共同体の記憶に付け加えられるつどに、過去の記憶全体が再構成の胎動を受ける。個人的記憶を検討した際に示したように、既存の記憶という電磁場が行使するバイアスを通して新しい経験は咀嚼《そしゃく》され、集団的記憶は日々更新されながら維持される。静的な構造あるいは固定された内容としてではなく、新たな経験を構造化しながら蓄積してゆく動的なプロセスとして記憶を捉えよう。この解釈の運動が世界の出来事に常に新たな意味を与えるのである。⒄

注

1 親鸞……（一一七三～一二六二）鎌倉時代の僧侶、浄土真宗の開祖。
2 アストロラーベ……古代、中世に用いられた天文、航海用の天体観測器。
3 コロンブス……（一四五一～一五〇六）イタリア生まれの航海者。スペイン女王の援助によりアジアをめざして大西洋を横断し中央アメリカ沿岸に上陸したが、インドの一部と信じたまま死去。
4 ベーリング海峡……シベリアとアラスカとの間にある幅約九〇キロの海峡。
5 イベリア半島……ヨーロッパ大陸西南端、ジブラルタル海峡を隔ててアフリカ大陸に対する半島。
6 シャルルマーニュ……西ローマ帝国皇帝（在位八〇〇～八一四）。ここではその統治下の時代を指している。
7 マキャベリ……（一四六九～一五二七）イタリアの政治家、近代政治学の祖と称され、著書に『君主論』がある。

問一　空欄A・B・C・Dに入ることばとして最も適切なものを、次の中から一つずつ選べ。

A　① 個人　② 動　③ 合理　④ 文化　⑤ 擬人
B　① 映像解釈　② 文献解釈　③ 歴史理解　④ 情報理解　⑤ 現実解釈
C　① 絶対　② 相対　③ 既成事実　④ 複雑　⑤ 二律背反
D　① 多様性　② 王政　③ 多民族　④ 同一性　⑤ 自由主義

A	B	C	D

2点×4

問二　空欄X・Yに入ることばの組み合わせとして最も適切なものを、次の中から一つ選べ。

① X 絶対　Y 官僚　② X 伝統　Y 超人　③ X 世界　Y 強権
④ X 宗教　Y 政治　⑤ X 民族　Y 現実

2点

問三　本文中のある段落の末尾から、次の文章が脱落している。この文章の入るべき最も適切な段落を、次の中から一つ選べ。

このように、言葉の意味がずれていても、さらには言葉の指示対象が実在しなくとも、コミュニケーションは成立する。同様に集団的記憶に関しても、お互いの理解において齟齬がそれほど大きくなければ何ら問題は生じない。同じ記憶内容が共同体の構成員すべてによって共有される必要はまったくない。

① 第(2)段落　② 第(4)段落　③ 第(6)段落　④ 第(8)段落　⑤ 第(10)段落

3点

問四　傍線部a・b・c・d・e・fを漢字に改めた場合、これと同じ漢字を用いるものを、次の中から一つずつ選べ。

a　メイジ
①　ジミに富む作品　②　心にメイキする　③　宮内庁のジジュウ職
④　メイモウを打ち破る　⑤　引責ジニンする

b　カクウ
①　カメンをかぶる　②　カレツな競争　③　タンカで運ぶ
④　責任をテンカする　⑤　カモクな人

c　カイム
①　カイギ的な態度　②　複雑カイキな事件　③　ハイカイ連歌の世界
④　カイキン賞を受ける　⑤　胃カイヨウを患う

d　セイフク
①　ホウフクの応酬　②　国にセイガンする　③　感情のキフクが激しい
④　チュウセイを誓う　⑤　心からケイフクする

e ホウカツ

① 将来のホウフを語る　② 市がショカツする建物　③ 物資がホウワ状態になる
④ 領土をカツジョウする　⑤ ホウヨウリョクのある人

f シンセイ

① セイキョウのうちに終わる　② 地域シンコウを進める　③ 競技場にセイカ台を設ける
④ シンチョウに行動する　⑤ セイリョウザイとなる出来事

a	
b	
c	
d	
e	
f	

1点×6

問五　波線部Ⅰ「情報交換・伝達は同一社会内であっても、異文化受容の過程として理解しなければならない」とあるが、それはどういうことか。その説明として最も適切なものを、次の中から一つ選べ。

① 人間が作る文化共同体は、異なる社会階層や政治信条をもつ人々によって構成され、必然的に共通意識が形成されると理解すること

② 政治も文化も異にする外国文化の摂取のさいに、捨象、付加、歪曲という状況が自然に発生するものだということを理解すること

③ 民族共同体が育んできたイデオロギーや宗教などは、情報交換がゆるやかにおこなわれつつ意図的に受け入れられていると理解すること

④ 集合的に構成される精神的産物ができあがるさいには、多様な世代の価値や道徳規範などが積み重なっていくものと理解すること

⑤ 民族同一性を支える集団的記憶や文化は、既存の構造と異物との葛藤により変化をこうむりながら合成統合が行われるものと理解すること

5点

問六 波線部Ⅱ「言葉の意味はずれている」とあるが、それはなぜか。その理由として最も適切なものを、次の中から一つ選べ。

① 言葉を発する人が頻繁に情報交換をおこなって新しい言葉を使おうとするから

② 言葉を発する人が一枚岩の共同体に所属していない中で同じ言葉を使おうとするから

③ 言葉を発する人がそれぞれの立場によって言葉に対して異なるイメージを有するから

④ 言葉を発する人が保持している遠い過去の記憶を言葉に反映させようとするから

⑤ 言葉を発する人が日常の会話と暗示的意味で使う言葉を使い分けているから

4点

問七　波線部Ⅲ「アメリカ大陸発見」とあるが、筆者は最終的に何を目的としてこのことを挙げているのか。その説明として最も適切なものを、次の中から一つ選べ。

① 国ごとに歴史教科書の記述がちがう事実をあげることで、民族の歴史認識には実はさまざまな捏造があり不正確であることを示すため

② 国ごとに歴史教科書の記述がちがう事実をあげることで、個人の記憶が常に歪曲されていくものであることを示すため

③ 国ごとに歴史教科書の記述がちがう事実をあげることで、歴史記述は国家権力による統制によって決まるという証拠を示すため

④ 国ごとに歴史教科書の記述がちがう事実をあげることで、集団的記憶には構成員の理解や解釈が反映していることを示すため

⑤ 国ごとに歴史教科書の記述がちがう事実をあげることで、精神的産物が時間のズレを媒介として変化していくものだということを示すため

5点

10

問八　波線部Ⅳ「日本が西洋に向かい合った過去の歴史の投影が見える」とあるが、それはどういうことか。その説明として最も適切なものを、次の中から一つ選べ。

① 日本は西洋が自国の繁栄と安定のためには手段を選ばないマキャベリの思想に基づいていることに気づいたこと

② 日本は圧倒的な経済力をもつ帝国主義の西洋に対抗すべく競合できる力をつけようとしてきたということ

③ 日本はヨーロッパ諸国の激しい覇権争いがどのようにおこなわれたのかを把握して恐れてきたということ

④ 日本が西洋と同じような先進国の仲間入りをし西洋以外の国と共存共栄しようと考えるようになったということ

⑤ 日本が文化的存在である西洋を崇拝し模倣した結果、アジア民族にも同じやり方を推し進めようとしたということ

□

4点

問九　波線部V「静的なイメージで集団的記憶を捉えるのは誤っている」とあるが、それはなぜか。その理由として最も適切なものを、次の中から一つ選べ。

① 共同体によって集団を構成する者がみな、同じ内容の記憶や同様の文化を継承していないから
② お互いに言葉の理解の齟齬が少なければ、問題が生じず記憶内容が共同体全部に共有される必要がないから
③ 過去の記憶は不変ではなく、絶えず新たな経験が加えられることによって日々再構成されるから
④ 構成員が同じイメージを持つことによって、既存の世界観に新しい要素が並列的に加えられていくことになるから
⑤ 人々が歴史を理解しようとするときに、時代の制約を受けて正しい判断ができなくなるから

5点

問十　本文の内容と合致するものを、次の中から二つ選べ。

① 社会を構成する人々は同じ時代の政治や文化を体験し情報交換することにより同一の記憶が形成され民族同一性として表象される。

② 民族の同一性とは共同体の構成員全員が共通の文化や民族の歴史の記憶を共有することによって成立しているのではない。

③ 南アフリカ共和国とカナダの「アメリカ大陸発見」の記述がインディアンを原住民として認めないのは権力の介入に起因している。

④ 言葉の指示対象が実在しなくとも個人レベルでコミュニケーションは成立するが、共同体レベルでは記憶は知識が共有されなくては成り立たない。

⑤ 中南米諸国はヨーロッパ移民のみによって建国された国とはちがって移民に対して抵抗し先住民の視点に立って建国の実体を評した。

⑥ モロッコにとり奴隷貿易はヨーロッパ主導である一方で地球球体説はじめ航海に必要な科学技術はアラブ人こそが先駆的役割を果たしたとした。

4点×2

〔出典：小坂井敏晶『民族という虚構』（東京大学出版会）〕

／50点

「化け物の進化」

寺田寅彦《てらだとらひこ》

成城大学（改）

目標解答時間 25分

本冊（解答・解説）p.122

さまざまなエピソードに一貫しているテーマを考えよう。

昭和四年（一九二九）に発表された次の文章を読んで、後の問いに答えなさい。

人間文化の進歩の道程において発明され創作されたいろいろの作品の中でも「化け物」などは最もすぐれた傑作と言わなければなるまい。化け物もやはり人間と自然の接触から生まれた*正嫡子であって、その出入する世界は一面には宗教の世界であり、また一面には科学の世界である。同時にまた芸術の世界でもある。

いかなる宗教でもその教典の中に「化け物」の(ア)カツヤクしないものはあるまい。化け物なしにはおそらく宗教なるものは成立しないであろう。もっとも時代の推移に応じて化け物の表象は変化するであろうが、その心的内容においては永久に同一であるべきだと思われる。

昔の人は多くの自然界の不可解な現象を化け物の所業として説明した。やはり一種の*作業仮説である。雷電の現象は虎の皮の褌《ふんどし》を着けた鬼の悪ふざけとして説明されたが、今日では空中電気と称する怪物の活動だと言われている。空中電気というとわかったような顔をする人は多いがしかし雨滴の生成分裂によっていかに電気の分離蓄積が起こり、いかにして放電が起こるかは専門家にもまだよくはわからない。結局はただ昔の化け物が名前と姿を変えただけの事である。

自然界の不思議さは原始人類にとっても、二十世紀の科学者にとっても同じくらいに不思議である。その不思議を昔われらの先祖が化け物へ帰納したのを、今の科学者は分子原子電子へ持って行くだけの事である。昔の人でもおそらく当時彼らの身辺の石器土器を「見る」と同じ意味で化け物を見たものはあるまい。それと同じように(1)いかなる科学者でもまだ天秤や試験管を「見る」ように原子や電子を見た人はないのである。それで、もし昔の化け物が実在でないとすれば今の電子や原子も実在ではなくて結局一種の化け物であると言われる。原子電子の存在を仮定する事によって物理界の現象が(a)遺憾なく説明し得られるからこれらが物理的実在であると主張するならば、雷神の存在を仮定する事によって雷電風雨の現象を説明するのとどこがちがうかという疑問が出るであろう。もっとも、これには明らかな相違の点がある事はここで改まって言うまでもないが、しかしまた共通なところもかなりにある事は争われない。ともかくもこの二つのものの比較はわれわれの科学なるものの本質に関する省察の一つの方面を示唆する。

雷電の怪物が分解して一半は X のほうへ入り一半は Y のほうへ走って行った。すべての怪異も同様である。前者は集積し凝縮し電子となり陽子となり、後者は一つにかたまり合って全能の神様になり天地の大道となった。そうして両者ともに人間の創作であり芸術である。流派がちがうだけである。

しかし不幸にして科学が進歩するとともに科学というものの真価が誤解され、買いかぶられた結果として、化け物に対する世人の興味が不正当に希薄になった、今どき本気になって化け物の研究でも始めようという人はかなり気が引けるであろうと思う時代の形勢である。

全くこのごろは化け物どもがあまりにいなくなり過ぎた感がある。今の子供らがおとぎ話の中の化け物に対する感じはほとんどただ空想的な滑稽味《こっけいみ》あるいは怪奇味だけであって、われわれの子供時代に感じさせられたように頭の頂上から足の爪先まで突き抜けるような鋭い神秘の感じはなくなったらしく見える。これはいったいどちらが子供らにとって幸福であるか、どちらが子供らの教育上有利であるか、これも(b)存外多くの学校の先生の信ずるごとくに簡単な問題ではないかもしれない。西洋のおとぎ話に「ゾッとする」とはどんな事か知りたいというばか者があってわざわざ化け物屋敷へ探険に出かける話があるが、あの話を聞いてあの豪傑をうらやましいと感ずべきか、あるいはかわいそうと感ずべきか、これも疑問である。ともかくも「ゾッとする事」を知らないような豪傑が、かりに科学者になったとしたら、まずあまりたいした仕事はできそうにも思われない。

しあわせな事にわれわれの少年時代の田舎にはまだまだ化け物がたくさんに生き残っていて、そしてそのおかげでわれわれは充分な「化け物教育」を受ける事ができたのである。郷里の家の長屋《ながや》に重兵衛《じゅうべえ》さんという老人がいて、毎晩晩酌《ばんしゃく》の肴《さかな》に近所の子供らを膳《ぜん》の向かいにすわらせて、生《なま》のにんにくをぼりぼりかじりながらうまそうに熱い杯をなめては数限りもない化け物の話をして聞かせた。思うにこの老人は*一千一夜物語の著者のごとき創作的天才であったらしい。そうして伝説の化け物新作の化け物どもを(c)随意に眼前におどらせた。われわれの(イ)オクビョウなる小さな心臓は老人の意のままに高く低く鼓動した。夜ふけて帰るおのおのの家路には木の陰、川の岸、路地の奥の至るところにさまざまな化け物の幻影が待ち伏せて動いていた。化け物は実際に当時のわれわれの世界にのびのびと生活していたのである。中学時代になってもまだわれわれと化け物との交渉は続いていた。友人で禿《はげ》のNというのが化け物の創作家として衆にひいでていた。彼は近所のあらゆる曲がり角や芝地や、橋のたもとや、大樹のこずえやに一つずつきわめて(d)格好な妖怪を創造して配置した。たとえば「三角芝《さんかくしば》の足舐《あしねぶ》り」とか「T橋のたもとの腕真砂《うでまさご》」などという類である。前者は川沿いのある芝地を空風《からかぜ》の吹く夜中に通っていると、何者かが来て不意にべろりと足をなめる、すると急に発熱して三日のうちに死ぬかもしれないという。後者は、城山のふもとの橋のたもとに人の腕が真砂《まさご》のように一面に散布していて、通行人の(ウ)裾を引き止め足をつかんで歩かせない、これに会うとたいていはその場で死ぬというのである。もちろんもう「中学教育」を受けているそのころのわれわれはだれもそれらの化け物をわれわれの五官に触れうべき物理的実在としては信じなかった。それにかかわらずこの創作家Nの芸術的に描き出した立派な妖怪の「詩」はわれわれのうら若い頭に何かしら神秘な雰囲気のようなものを吹き込んだ、あるいは神秘な存在、不可思議な世界への憧憬に似たものを(エ)鼓吹したように思われる。日常(オ)サハンの世界のかなたに、常識では測り知り難い世界がありはしないかと思う事だけでも、その心は知らず知らず自然の表面の諸相の奥に隠れたある物への省察へ導かれるのである。

11

このような化け物教育は、少年時代のわれわれの科学知識に対する興味を阻害しなかったのみならず、かえってむしろますますそれを鼓舞したようにも思われる。これは一見奇妙なようではあるが、よく考えてみるとむしろ当然な事でもある。皮肉なようであるがわれわれにほんとうの科学教育を与えたものは、数々の立派な中等教科書よりは、むしろ長屋の重兵衛さんと友人のNであったかもしれない。これは必ずしも無用の変《へん》痴《ち》奇《き》論《ろん》ではない。

不幸にして科学の中等教科書は往々にして(2)それ自身の本来の目的を裏切って被教育者の中に芽ばえつつある科学者の(カ)胚芽を殺す場合がありはしないかと思われる。実は非常に不可思議で、だれにもほんとうにはわからない事をきわめてわかり切った平凡な事のようにあまりに簡単に説明して、それでそれ以上にはなんの疑問もないかのようにすっかり安心させてしまうような傾きがありはしないか。そういう科学教育が普遍となりすべての生徒がそれをそのまま素直に受け入れたとしたら、世界の科学はおそらくそれきり進歩を止めてしまうに相違ない。

こういう皮相的科学教育が普及した結果として、あらゆる化け物どもは箱根はもちろん日本の国境から追放された。あらゆる化け物に関する貴重な「事実」をすべて迷信という言葉で抹殺する事がすなわち科学の目的であり手がらででもあるかのような誤解を生ずるようになった。これこそ「科学に対する迷信」でなくて何であろう。科学の目的は実に化け物を Z 事なのである。この世界がいかに多くの化け物によって満たされているかを教える事である。

昔の化け物は昔の人にはちゃんとした事実であったのである。一世紀以前の科学者に事実であった事がらが今では事実でなくなった例はいくらもある。たとえば電気や光熱や物質に関するわれわれの考えでも昔と今とはまるで変わったと言ってもよい。しかし昔の学者の信じた事実は昔の科学にはやはり事実であったのである。神鳴りの正体を鬼だと思った先祖を笑う科学者が、百年後の科学者に同じように笑われないとだれが保証しうるであろう。

古人の書き残した多くの化け物の記録は、昔の人に不思議と思われた事実の記録と見る事ができる。今日の意味での科学的事実では到底有り得ない事はもちろんであるが、しかしそれらの記録の中から今日の科学的事実を掘り出しうる見込みのある事はたしかである。

注

正嫡子……正妻（法律上の正式な妻）が生んだ子。

作業仮説……研究や実験を進めるために、とりあえず仮に立てる考え方。

一千一夜物語……アラビアを中心とした民間伝承物語集。『千夜一夜物語』『千一夜物語』とも呼ばれる。

問一　傍線部(ア)(イ)(オ)の片仮名を漢字に直しなさい。

(ア)	
(イ)	
(オ)	

1点×3

問二　傍線部(ウ)(エ)(カ)の漢字の読みを平仮名で書きなさい。

(ウ)	
(エ)	
(カ)	

1点×3

問三　傍線部(a)~(d)の意味として最も適当なものをそれぞれ次の中から選び、記号で答えなさい。

(a)　イ　おおむね　ロ　正しく　ハ　たやすく　ニ　十分に

(b)　イ　じつは　ロ　思いのほか　ハ　ほかでもなく　ニ　言うまでもなく

(c)　イ　大量に　ロ　次々に　ハ　思いどおりに　ニ　暇なときに

(d)　イ　あつらえ向きの　ロ　愛嬌たっぷりの　ハ　こわもての　ニ　柳腰の

(a)	
(b)	
(c)	
(d)	

1点×4

問四　傍線部(1)とあるが、「天秤や試験管」はここでは何の具体例か。文中より十八字で抜き出し、最初の七字で答えなさい。

4点

問五　空欄X・Yに入るべき語を文中からそれぞれ漢字二字で抜き出して答えなさい。

X

Y

3点×2

問六　傍線部(2)とは何か。本文中の語句を用いて四十字以内で答えなさい。

6点

11

問七　空欄Zに入るべき語として最も適当なものを次の中から選び、記号で答えなさい。

イ　捜《さが》し出す　ロ　抹殺する　ハ　飼い慣らす　ニ　追放する　ホ　寝かしつける

4点

問八　本文の内容に合致するものはどれか。適当なものを次の中から二つ選び、記号で答えなさい。

イ　研究活動がきちんとなされているかぎり、科学者にとっての事実が時代によって変化することはない。

ロ　自然界の神秘を説明するための作業仮説の一つである、という点では化け物も電子も変わらない。

ハ　最近は化け物の数が減りすぎたので、心ある科学者は生き残った化け物を大切にしなければならない。

ニ　原子、電子、分子は、科学的な外見をまとってはいるが、実際には人間の作り出した非合理な妄想にすぎない。

ホ　今日の教育は、すべての現象が科学的に説明できるかのような誤解を与えてしまっている。

へ　筆者の少年時代には、「三角芝の足舐り」「長屋の重兵衛さん」といった化け物が田舎で元気に暮らしていた。

5点×2

〔出典：寺田寅彦『寺田寅彦随筆集　第二巻』（岩波書店）〕

／40点

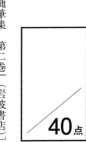

12

小説

「みぞれ」

重松清《しげまつきよし》

京都産業大学（改）

目標解答時間 25分

本冊（解答・解説）p.134

「僕」の心情が「テープ」を聞いたあとでどのようになったかを考えて読もう。

次の文章を読んで、後の問いに答えなさい。

「僕」の父は十三年前に脳梗塞で倒れ、二年前からは言葉も発することができなくなった。母と二人きりで不便な土地に暮らす父を心配した妹（多香子）夫婦は、近くに建てた新居に両親のための部屋を用意するが、父はなぜか半月で自分の家に戻ってしまう。それ以後、「僕」は東京からの出張の合間をぬっては、母と二人きりで暮らす父のもとを訪ねている。

父は年老いた。

母も年老いた。

そして、二人はいずれ——うんと遠い「未来」や「将来」ではないうちに、僕の前から永遠に姿を消してしまう。

・　・　・　・

いつの頃からだろう、僕は両親の死を冷静に（ア）見据えるようになっていた。二人の「老い」を実感してから、「死」の日がいずれ訪れることを受け容れるまで、思いのほか早かった。二人が亡くなるのは、もちろん、悲しい。涙だって流すだろう。だが、その涙には、自分の中のなにかが引き裂かれてしまうような痛みは溶けていないはずだ。

Ａ 僕は、冷酷で身勝手な息子なのだろうか。

食事を終えると、もう実家をひきあげなければならない時間が迫っていた。

結局、父とはほとんどなにも話せなかった。代わりに、言いたかったことは食器の片づけで台所に立ったときに母にぶつけた。「わがままなんだよ、お父ちゃんは」「お母ちゃんがそれを許すからだめなんだ」「ひとの世話になりたくないって、そんなこと言ってられるような立場じゃないだろ、もう」「それは多香子の家はここより狭いし、窓を開けても隣の家の壁しか見えないけどさ、そんなの贅沢《ぜいたく》だと思わない？」「結局、お母ちゃんにぜんぶ負担が行くわけじゃないか」「はっきり言うよ、もしお母ちゃんが倒れたりしたら、僕も、多香子も、宏美も、哲郎さんだって、みんな困るんだよ、ほんとに迷惑するんだよ」……。

また「迷惑」という言葉をつかってしまった。Ｂ 決して口にしてはならない言葉なんだとわかっているのに、いまの自分の気持ちをいちばん素直に伝えるには、そう言うしかない。

母は一言も言い返さなかった。「そうじゃなあ、洋司の言うとおりじゃなあ」と（イ）相槌《あいづち》を打ち、「それは

12

ようわかっとるんよ」とうなずき、こっちの話が途切れると、不意に「俊介は元気で学校に行きよるん?」と話を変えてしまう。

要は本気で受け止めてはいないのだ。はいはい、と受け流しているだけなのだ。

「甘やかさないでよ、お父ちゃんを」

ずっと思っていた。最初の発作で倒れたあと、もっとしっかりリハビリをしていれば、ここまで脚が衰えることはなかった。酒も煙草もやめられなかったのは、そばにいる母がなにも言わなかったからだ。妹の家で同居することだって、母がもっと強い態度でいれば、父には一人で田舎に帰ることなどできなかったのだ。

まだある。もっとある。子どもの頃からのこと、すべて。

母はなにも言い返さない。ただ一言――「ずっと、そげんしてきたけん、それ以外にやり方がわからんのよ」と、C寂しそうに笑うだけだった。

雨が降り出した。

雲の色は、重たげな鉛色の部分と、陽光がうっすら透けて底光りしている部分とが入り混じっている。

「みぞれになるかもしれんねえ……」

母は新しいお茶をいれながら言う。

「冬だよ、もう」

D 僕は腕時計を気にしながら言う。

父は黙って、窓の外を見つめている。

そろそろ出なければならない。なんの言葉も交わすことのない父との時間は、まるで墓参りのようなものだった。いや、いっそ、真新しい御影石《みかげいし》の墓と向き合ったほうが、たくさん話せて、もしかしたら遠くから父の返事だって聞こえてくるかもしれない。

お父ちゃん――。

田舎に帰るたびに、思う。ほんとうに僕が訊《き》きたいことは、一つしかないんだと。

お父ちゃん、まだ生きていたい――？

生きていることは、楽しい――？

なんの楽しみもなくても、一日でも長く生きていたい――？

決して訊けないから、その問いは胸の奥から消えることはない。それが消えたとき、僕は生まれて初めての喪主をつとめているだろう。この数年ですっかり人付き合いをしなくなった父の葬儀は、きっと、寂しいものだろう。父を悼むよりも、むしろ母が楽になったことを喜んでくれるひとのほうが多いかもしれない。

「今日は、洋司が来てくれたけん、お父ちゃんもご機嫌やねえ」

母は父の顔を覗《のぞ》き込んで「ねえ?」と笑う。父は目を閉じて、頬《ほお》をゆるめる。照れくさそうに、少し困ったように、でもさっきまでとは違って、ほんとうに笑っているんだとわかる頬のゆるみ方だった。

父はゆっくりと目を開け、ふと思いだした顔になって母を見た。それだけで母には通じた。「あ、いけんいけん、忘れとったわ」とコタツから出た母は、「洋司、まだ時間あるじゃろ? 二、三分でええけん」と言って、ばたばたと部屋を出て行った。走ったら危ない、転んで脚の骨でも折ったらどうするんだ、何度も(ウ)口を酸っぱくして言っているのにわからない。

やれやれ、とため息をついて、父を振り向いた。「なんなの? 忘れてたものって」と訊いた。

返事はない——はずだった。最初からそれはわかっていて、あきらめていて、胸の中に澱《よど》むため息の残りを吐き出すために声をかけただけだった。

だが、父は口を小さく動かした。

て、え……ぷ。

かすれた声で言って、ほんのそれだけで体力を使い果たしたように、肩で息をついた。

「テープ? いま、テープって言ったの?」

今度はもう、黙ってうなずくだけだった。

母が戻ってきた。手に、妹が高校時代に使っていた古いラジカセを提げていた。

「納戸の整理をしとったら、昔のカセットテープが出てきたんよ。洋司、あんた、これ覚えとらん？」

母が見せたのは、ラベルに『試聴用』と書いてあるテープだった。覚えている。僕が小学五年生の頃、わが家は初めてカセットテープレコーダーを買った。このテープは、そのときに電器屋さんが付けてくれたものだ。演奏だけの海外のポップスが何曲か入っていたはずだが……たしか、父が……。

はっと気づいて顔を上げると、母は「そうなんよ」と笑った。「みんなで吹き込んだんよね、順番に」

せっかちな父は、明日には生テープを買ってくるからというのを待ちきれずに、試聴用テープに自分たちの声を録音してみようと言い出したのだ。酔っていたはずだ。ご機嫌になって、おしゃべりにもなって、酔いがまわりすぎて荒れるまでの凪《なぎ》のようなタイミングだったのだろう、たぶん。

「お父ちゃんと二人で聴いとるんよ、なんべんもなんべんも」

母はそう言ってテープレコーダーの再生ボタンを押し込んだ。シャリシャリしたノイズのあと、多香子の声が聞こえた。まだ小学二年生の多香子ははしゃいで笑うだけだった。次に母が「もう入っとるん？　しゃべってもええん？」と言って、僕に「入っとるよ、赤い光がついとるが」と笑われた。その僕は、声変わりのすんでいない甲高《かんだか》い声で「あー、あー、本日は晴天なり」と言って、最後に父がマイクに向かった。

「まあ……アレじゃ、こげな便利なもんができたんじゃのう、いうて……なにを言やあええんかのう……おい、洋司、もうええ、停めえ、停めえ、なんか恥ずかしいがな……」

父の声だ。まだ四十代になるかならないかの頃の父だ。間違いない。父はこんなふうにしゃべっていたのだ。

E 母がテープを停める。僕は父を振り返る。父は窓の外を見つめていた。

雨はやはり、みぞれ混じりになっていた。重たげで冷たげな銀色の粒が、空からとめどなく降ってくる。

寒々しい風景だ。いっそ雪になってくれたほうが、外が明るくなるぶん、気持ちも沈み込まずにすむのに。

それでも――いまは、F みぞれの季節なんだと自分に言い聞かせた。秋と冬の境目に、わが家はいる。次の春が来るのかどうかはわからない。ただ、もう今年の夏は過ぎた。秋も終わった。年老いた父と母は、二人で、静かに、冬ごもりの準備に入っている。

「お母ちゃん、もう一回聴かせてよ」

「時間ええん？」

「だいじょうぶ……もう一回だけ、聴いて帰るから」

母はうなずいてテープの巻き戻しボタンを押し、そっと僕に目配せして、父のほうに小さく顎をしゃくった。

父は窓の外を見つめている。みぞれの降りしきる寂しい風景をじっと見つめる目に、涙が浮かんでいた。

問一　傍線部(ア)〜(ウ)の本文中の意味として最も適切なものをそれぞれ一つずつ選び、マークせよ。

(ア)　見据える
1　じっと見つめる　2　確信している　3　正面から向きあう
4　にらみつける

(イ)　相槌を打ち
1　両手を打ち合わせて　2　反感を持たずに　3　投げやりな態度で
4　調子を合わせて

(ウ)　口を酸っぱくして
1　繰り返して　2　辛らつな調子で　3　皮肉を込めて
4　非難するように

(ア)
(イ)
(ウ)

2点×3

問二　傍線部Ａ「僕は、冷酷で身勝手な息子なのだろうか」とあるが、なぜそう思うのか。最も適切なものを一つ選び、マークせよ。

1　「僕」は老いた両親がこの世からいなくなってしまう日がいずれ来るとわかってはいるが、だからといって今両親と一緒に住む覚悟は持っていないから。

2　「僕」は老いた両親が近いうちにこの世から消えてしまうことにつらさは感じているが、結局は老いの定めを受け入れることしかできないと考えているから。

3　「僕」は死を控えた両親に哀れみを感じてはいるが、だからといって両親の前でその感情をはっきり示すほどの優しさは持ち合わせていないから。

4　「僕」は老いがもたらす残酷さを充分理解はしているが、まだ両親の年齢に至っていない自分には彼らのつらさを本当に感じることはできないでいるから。

5点

問三　傍線部B「決して口にしてはならない言葉」を発しなければならなかった「僕」の気持ちを述べたものとして最も適切なものを一つ選び、マークせよ。

1　母の体のこともちろん心配だが、母に頼らないと生きていけない父のことがもっと心配だ。母が寝込みでもしたら父の病状はもっと悪化して僕も妹の家族も心配が増すことになるのだ。

2　母の身勝手な性格はわかっているものの、父のわがままなふるまいに無関心な母には腹が立ってしようがない。僕や妹の家族がどれほど困っているかわかっているのだろうか。

3　母の体のこともちろん心配だが、母が病気になったら、父の面倒を見てくれる人がいなくなる。そうなると僕か妹の家族が二人の世話を引き受けなくてはならなくなるのだ。

4　母のいい加減な性格はわかっているものの、父の体のことを心配しているならもっと父に対して厳しい態度が取れるはずだ。おかげで僕も妹の家族もいつも困らされているのだ。

□
4点

問四　傍線部C「寂しそうに笑う」母はどのような人物として描かれているか。最も適切なものを一つ選び、マークせよ。

1　優しい性格の持ち主ではあるが、常に受け身でしか生きていけない自分を変えようとはしない。

2　常に受け身でしか生きていけないようにふるまうことで、周囲との衝突をさけようとしている。

3　一見受け身であるように見えながら実は頑固でわがままな性格だが、それを変えようとはしない。

4　受け身でしか生きていけないように見せることで、自分が優しい人間であることを演出している。

□

4点

問五　傍線部D「僕は腕時計を気にしながら言う」とあるが、この場面から読み取れる「僕」の心情として最も適切なものを一つ選び、マークせよ。

1　今がもう冬なのは明らかなのに、のんきにみぞれの話など持ち出してくる母の気持ちがわからない。どうせ父とは何の会話もできないのだし、さっさと切り上げて東京に帰りたいものだ。

2　自分を少しでも長く引きとめようとする母には気の毒だが、父のそばにこれ以上いると母に対しても苛立ちを覚える。いっそこの二人がいなくなればわざわざ東京からくる必要もないのに。

3　母は口先だけの会話で自分を何とか引きとめようとしているが、言葉を発しない父のそばにこれ以上いても何の意味もない。働き盛りの自分の状況を考えもしない母には腹が立ってしかたがない。

4　自分を少しでも引きとめておきたい母の気持ちはわかるが、言葉を発しない父のそばにこれ以上いてもしかたがない。もうこのへんで切り上げて仕事の待つ東京に戻りたいものだ。

□
5点

12

問六　傍線部Ｅ「母がテープを停める」とあるが、このテープにまつわる一連の場面は何を伝えようとしているのか。適切でないものを一つ選び、マークせよ。

1　言葉を発しない父ではあるが、父の心の中には家族に対する深い思いがあることを伝えている。

2　テープによって突然過去の楽しかった一場面に引き戻された「僕」の驚きと変化を伝えている。

3　時の経過がもたらすどうにもならない変化、それに必然的についてまわる悲しみを伝えている。

4　テープにまつわるエピソードによって、家族がお互いに理解しあうことの大切さを伝えている。

6点

問七　傍線部F「みぞれの季節なんだと自分に言い聞かせた」とあるが、この時の「僕」の心情として最も適切なものを一つ選び、マークせよ。

1　生と死のはざまにいる父をかかえているこの家の状況は、秋と冬のあいだの寒々しいみぞれの天気のようだが、そうした状況を自分も受け入れるしかないのだと思っている。

2　生と死のはざまにいる父を介護する老いた母が置かれた状況は、秋と冬の間のみぞれの天気のようだが、父という重荷から解放されれば、穏やかな人生になると思っている。

3　人の晩年というのは四季にたとえれば冬であるが、わが家には生と死の間をさまよう父のように、中途半端なみぞれのような季節が永遠に続くのだろうと思っている。

4　人の晩年というのは四季にたとえれば冬であるが、秋と冬の狭間にあるみぞれの季節を通り抜けることができれば、きっと父と母にも暖かい季節が訪れるだろうと思っている。

□
5点

問八　この文章を評したものとして最も適切なものを一つ選び、マークせよ。

1　自分と年老いた両親との間に横たわる決して埋めることのできない感情的隔たりを、会話を交えながら、詩的に綴《つづ》った文章である。

2　自分と年老いた両親との間の言葉にできない細かな感情のやり取りを、自然描写や会話を交えつつ、しみじみと描いた文章である。

3　老い、死とは何かという難しい問いに対する答えを、日常生活を送る人々と自然との関係を通して、間接的に考えさせる文章である。

4　老い、死とは何かという難しい問いに対して、一見平凡な日常生活から題材を取りつつも、客観的視点から答えようとした文章である。

5点

〔出典：重松清『みぞれ』（角川書店）〕

40点

大学入試 全レベル問題集

現代文

河合塾講師 梅澤眞由起 著

3 私大標準レベル

改訂版

はじめに

現代文――なんとも曖昧《あいまい》な名前のとおり、その姿も霧におおわれているような感覚が君たちに染みついているかもしれない。

北海道根釧《こんせん》原野の北端に位置する摩周湖《ましゅうこ》――ほとんど一年中霧に包まれ、その姿を人に見せない神秘の湖――その湖が偶然か必然かその姿をあらわにするときが、一年に数度あるという。

その湖のように、僕らの目の前に〝現代文〟がその姿を現すときがあるだろうか。それは誰にも断言はできない。摩周湖がその姿を現すときが、現代気象学をもってしてもわからないように。〝現代文〟もまた、知識や法則を拒む側面を持っているからだ。

しかしもし〝摩周湖〟の姿を見る者がいたとするならば――かつてその原野に土着する民らは、深い霧に包まれた森の中で、秘《ひそ》かに神への祈りを捧《ささ》げながら、霧が晴れ湖が姿を現すその一瞬を見たという。彼らにならうならば、僕らもまた〝現代文〟という湖の前に、霧にまぎれながら立ち尽くし、〝現代文〟の現れを待つしかないだろう。ただ、かつての民たちがそうだったように、僕らにも待つ方途がある。本書はその方途を示すものだ。

よく考えれば、僕らの世界そのものが曖昧なのだ。だがその曖昧さにいらだち不安を抱え、確かで強いものに身をすり寄せるよりも、その曖昧さ、中途半端さをこそ身にかぶり、その曖昧さを引き受けて世界を飼い馴《な》らす方法を身につけることこそが、この世界に生きる僕らの、悲惨と栄光なのではないだろうか。そのようにして世界との出会いを待つこと、しかも、〝現代文〟との、めくるめく困惑の中に身を浸《ひた》し、なおかつそれを楽しむための道しるべを手にすること、そして、この〝現代文〟という霧の向こうへ突き抜けること――おそらくそのさなかで、僕らは文章や筆者という不思議な他者と出会うだろう。それは幸福な出会いでもありうるし、嫌悪といらだちでしかないかもしれない。しかし、それを楽しむことのできる者だけが、湖の姿に出会う。

僕らは、湖の姿を見る者である。したたかな出会いの流儀を身につけて、〝霧を突き抜ける〟者であるはずだ。ならばもう、ためらいはいらない。今、いっきに言葉の湖《うみ》へ。

梅澤眞由起

目次

この問題集の構成と使いかた

まずは別冊の入試問題を解きましょう。目標解答時間が示されているので、時間をはかることも忘れずに。問題を解き終えたら、いよいよ解説に進みます。各講の解説は、大きく分けて、つぎの二つに構成されています。

問題文ナビ…出題された文章、つまり問題文そのものを細かく読み解きます。

読解のポイント **ひとこと要約** などで、頭の中をしっかり整理してください。

設問ナビ…出題された設問を解説していきます。自分自身がひっかかってしまった点をここでしっかり解決しましょう。

本冊で使用する記号について

ムズ…間違えても仕方のない、ややむずかしい設問に示してあります。

大ムズ…むずかしくて、かなり正答率の低い設問に示してあります。

合格点30点…〈予想される平均点＋1問分〉として示してあります。

語句ごくごっくん…問題文に登場した重要語句を解説しています。言葉を飲み込んで、みんなの血や肉になることを意識したネーミングです。しっかり飲み込んでください。

L42・**L42**・(**L42**)…問題文での行番号を示しています。

梅POINT…現代文の大事なポイントをひとことでビシッと示しています。同じ種の設問などにも共通するポイントなので、頭のひきだしに入れておきましょう。

テーマ　言語1…各講の問題文で扱われたテーマについて、もう一歩踏み込んで解説しています。

チョイマヨ…間違えやすい、〈チョイと迷う〉選択肢を示しています。

「全レベル問題集　現代文」シリーズのレベル対応表

シリーズラインナップ　各レベルの該当大学

＊掲載の大学名は購入していただく際の目安です。
また、大学名は刊行時のものです。

① 基礎レベル	高校基礎～大学受験準備
② 共通テストレベル	共通テストレベル
③ 私大標準レベル	日本大学・東洋大学・駒澤大学・専修大学・京都産業大学・近畿大学・甲南大学・龍谷大学・東北学院大学・成蹊大学・成城大学・明治学院大学・國學院大學・亜細亜大学・聖心女子大学・日本女子大学・中京大学・名城大学・京都女子大学・広島修道大学　他
④ 私大上位レベル	明治大学・青山学院大学・立教大学・中央大学・法政大学・学習院大学・東京女子大学・津田塾大学・立命館大学・関西大学・福岡大学・西南学院大学　他
⑤ 私大最難関レベル	早稲田大学・上智大学・南山大学・同志社大学・関西学院大学　他
⑥ 国公立大レベル	東京大学・京都大学・北海道大学・東北大学・信州大学・筑波大学・千葉大学・東京都立大学・一橋大学・名古屋大学・大阪大学・神戸大学・広島大学・九州大学　他

「全レベル問題集　現代文」WEB 特典

共通テスト／志望大学別　出題分析と学習アドバイス

共通テストや各レベルの主要大学の出題傾向分析と学習アドバイスを紹介しています。

今後実施される共通テストについては、こちらのサイトに解説を掲載します(2023 年 12 月時点)。

以下のURLか右の二次元コードから、公式サイトにアクセスしてください。

https://service.obunsha.co.jp/tokuten/zenlevelgendaibun/

※本サービスは予告なく終了することがあります。

執筆者　**梅澤眞由起**（うめざわ　まさゆき）

河合塾講師。北海道札幌市出身。著書に『入試精選問題集　現代文』『得点奪取　現代文』（ともに河合出版：共著）、『私大過去問題集』（桐原書店）、『基礎からのジャンプアップノート　現代文重要キーワード・書き込みドリル』『〃　現代文読解・書き込みドリル』（旺文社）など。文章を丁寧に読み解く授業には定評がある。

編集協力：加田祐衣
校正：ことば舎／加藤陽子／﨑田邦彦
装丁デザイン：（株）ライトパブリシティ
本文デザイン：イイタカデザイン

現代文について

現代文の原点 ① 根拠をつかもう！

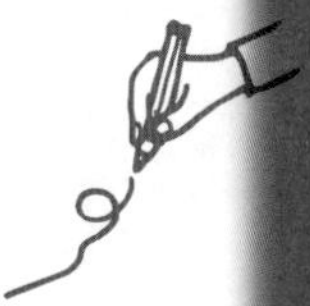

「客観的」という言葉があります。「客観的」とはほかの人の立場に立つ、という意味です。では、この「ほかの人」とは誰でしょう？　受験の現代文では、「ほかの人」とは**〈筆者〉**です。では〈筆者の立場に立って読み、解答する〉には、具体的にはどういうことをすればよいのでしょうか？

それは自分の考えや常識を交《まじ》えずに、**筆者の記した言葉とそこに現れた筆者の意識だけを、読解の、そして解法の手がかりとする**、ということです。〈ここにこう書かれているから、こういうことだ。ここにこう書かれているから、解答はこうなる〉というふうに、**つねに読解の根拠を問題文に求める**ということ。つまり、与えられた文章で筆者はなにを述べていたかを答えることが、「客観的」＝筆者の立場に立つ、ということです。現代文では、みんなは筆者の考えを忠実に大学へ伝える筆者の分身なのです。

僕は河合塾のオンライン授業で、自分の講座に「イタコ修行編」という名前をつけたことがあります。「イタコ」って青森県の恐山《おそれざん》とかにいる霊媒師です。「イタコ」は〈死んだジイジの声を聴きたい〉ってやってきた家族の願いを聞き、自分を捨ててジイジを自分に乗り移らせ、〈く・る・し・い……〉とかジイジの声を家族に届けます。

そう、みんなは「イタコ」なんです。「イタコ」として筆者（＝ジイジ）を背負って、その声を大学（＝家族）に届けなければなりません。その筆者の声を忠実に届けられれば〇。〈今日は霊（＝ジイジ＝筆者）のノリがちょっと悪いな〉とかいって〈お金たくさん置いてけぇ〜〉とか嘘《うそ》のジイジの声を届けたら、「イタコ」失格！→大学は去っていく……。

もちろんレベルが上がれば、問題文に書かれていない内容を推論しなければならない場合も出てきます。ですがその場合でも、〈問題文にこう書かれているから、こう推測できるのではないか？〉というふうに、あくまで筆者の書いた言葉に即した根拠を求めて読解していかなければなりません。

そして「根拠」とは〈問題文に書かれていて、読解や解法を支える証《あかし》〉のこと。みんなはつねにこの「根拠」を問題文に探してください。根拠をもとに答えること――これが「客観的に解く」ということの意味です。

現代文の原点 ② 論理的になろう！

「**客観的**」な読解ということともうひとつ、現代文の学習でよくいわれることが「**論理的**」に読み解く、ということです。「論理」ってむずかしそうだけど、ある論理学の先生は〈論理は思いやりだ〉っていってます。つまり文章を書いている人は、自分のいっていることを読んでいる人にわかってもらいたいんだ。だからどうやったらわかりやすくなるか、そのことを考えて、〈ふつうなら言葉や話題はこうつながるよね、こうつながったほうがわかりやすいよね〉って考えて文章を書く。なので文章の中には、**言葉のつながりや内容のつながり、つまり論理**が生まれる。文章のことをテキストと呼びますね。織物のことはテキスタイル、語源は同じです。織物は縦糸と横糸で成り立つ。テキストの縦糸は書かれた日本語、そして横糸は眼には見えませんが、そのつながりが**論理**です。その見えない横のつながりを追いかけてたどっていくことが筆者の思いやりを受けとめて、文章を読み文章を理解するということです。

そのつながり（＝論理）は、一番小さい単位でいえば語句と語句とのつながりから始まり、文と文、段落と段落、そして複数の段落のつながりが生み出す意味のブロックとほかの意味のブロックとのつながり、そして文章全体のつながりへと広がっていきます。その全体像を意識できるようになることが、〈**論理的に読む**〉ということです。

現代文の解き方について

問題を解く前に、みんなに、どうやって問題を解くかという自分なりのスタイルを考えてほしいと思います。たとえば読みながら解くのか、一度最後まで読んでから解くのか？　まあ絶対ではないですが、僕は一度最後まで読んでから解くことを勧《すす》めます。そのほうが文章全体が視野に入るからです。読みながら解くと、問題文の読解が中断されるし、またたとえば、まだ読んでないところに解答の根拠があるのに、それを見ないで、ただたんに今まで読んできたところに書いてあったことが書いてある選択肢を○にしてしまう、なんてリスクがあります。

ただし時間が足りない人は意味のブロックごとに問題を解く（あるいは、つぎの傍線部のところまで読んで、前の傍線部の問題を解くとか）、というのも仕方がないと思います。そのときはまだ読んでないところに根拠があるかもしれないと思うことと、全体の流れを意識すること、そして、下の梅POINTを忘れないでください。

POINT 梅

選択肢問題は、すぐに選択肢を見ないで、問題文からヒントや正解の要素をつかみ、それを含んでいる選択肢はどれか……という積極的な方法で選ぶべし。それでも手がかりがつかめない場合は消去法*に転換すべし。

POINT 梅

消去法*で傍線部問題を解くときにも、たんに問題文に書いてある・書いていない、という理由だけで○にするのではなく、傍線部や設問の問いかけとマッチしていることを正解の基準にすべし。

＊消去法……間違いや問題文に書いていないことを含む選択肢を消していって、正解を選び出す方法。

では、一応僕が勧める、「一度最後まで読む」というスタイルで、つぎのページに「現代文のお約束」を書いておきます。この「現代文のお約束」は「評論」と「随筆（エッセイ）」についての解きかたで、「小説のお約束」については12講で説明します。

「現代文のお約束」

学習する上でのこころがまえ

◆時間配分に注意

どんなにむずかしい文章でも、問題文の読解に時間をかけすぎてはいけない。もち時間の60％は設問を解く時間に使おう。

◆二段階のチャレンジ

❶時間を決めて（一題平均25～30分）、アラームを鳴らすとか、ホントのテストのつもりで解く。

❷その2、3日あとに、他人の立場に立ち徹底的に自分の解答にツッコミを入れて、なぜこの解答にしたのか、他人に説明できるようなチェックを行う。最初のテスト時間内にできなかった部分や、あとで書き換えた答えは青などで書く。もとの答えは残しておく。

解法の手順

1 設問をチラ見する

①傍線のない設問（内容合致（趣旨判定）以外）は**問題文全体を意識しよう**。相違点説明・分類分け・違うもの探しなどの設問は**対比を意識しよう**。

②脱落文補充・整序問題・正誤修正問題があるか、を確認しよう。時間がかかるので時間配分に注意！

③記述問題・抜き出し問題があれば、該当する傍線部の表現を覚えておこう。

2〈大きな（＝マクロな）つながり〉をつかむ

テーマを読み取り、文章の大きな（＝マクロな）つながりと意味のブロックをつかもう。初読は最大でも10分で済ませる。わからないところは読み飛ばす。細かく読みすぎない！　可能ならば、頭の中でもよいから、テーマを20字程度でまとめる。

文構造の種類

イイカエ

Aに傍線を引いて、Aと同じ内容の部分（A´）を手がかりにしてAを説明させたりする設問などが作られる。

A´＝A

A：言葉には複数の意味がある
＝
A´：言葉は多義的だ

例（具体）とまとめ（抽象）

イイカエの〈つながり〉の変形バージョン。具体例（A）の部分に傍線を引き、Aを抽象化させたり、イコール関係にあるまとめ（A´）の部分の内容を答えさせたりする設問が作られる。

A（例）＝A´（まとめ）

A（例）：父は今日も残業だ
＝
A´（まとめ）：日本人は勤勉だ

対比

二つの対照的なことがらを比べ合うのが対比。二つの違いを問う相違点説明や、同じグループにある語句の組み合わせを問う設問などが作られる。Aに関することが離れたところにもう一か所あれば、それをつなぐとイイカエの〈つながり〉が作られることにもなる。

〈B〉↔A

A：文学は主観を重んじる
↔
〈B〉：科学は客観性を重んじる

因果関係

論理〈つながり〉のメイン。問題提起をした文章や「どうしてか」ということを追究した文章では、結果や事象（A）に傍線を引き、その理由（B）を問うという設問などが作られる。理由説明問題がある場合は、展開のある文章であることが多く、視野を大きくもち、論理的に整理していくことが求められる。

A（結果）←B（理由・原因）

A（結果）：科学の発展
←
B（原因）：産業革命

初読の際の具体的な作業

①段落冒頭の接続語・指示語や段落間の共通語句をチェックし、段落同士の話題のつながり、境界・区分け（意味のブロック）をつかむ。

②**対比（二項対立・日欧比較文化論・近代とほかの時代・筆者の意見とほかの意見や一般論との対立）**をつかむ。できたら、対比関係にあることがらのどちらか片方を〈　〉で囲む。

③具体例は軽く読む。「このように・要するに・つまり」などではじまる〈まとめ〉の部分に傍線を引く。
④引用、比喩もイイカエ関係なので、具体例と同じように扱う。
⑤問題提起とそれに対する筆者の結論に傍線を引く。
⑥筆者の考えが強調されているつぎのような箇所や、繰り返されている内容をチェックする。
「もっとも大事なことは〜」
「〜こそ必要である」
「〜しなければならない」
「このように(して)〜」　＊まとめの表現
「〜ではない(だろう)か」　＊打ち消しを伴う問い
⑦定義の部分「○○とは〜である」に傍線を引く。
(行の冒頭にチェックマークをつけるだけでもよい)

注意点
・傍線は引きすぎないように。自分が大事だと思う箇所に傍線を引くのではなくて、筆者が大事だということを示している右のような箇所にだけ傍線を引く。
・漢字と分類問題・違うもの探しなどは初読のときに解いてもよい。

3〈小さな(＝ミクロな)つながり〉をつかむ

設問ごとに、改めて問題文をチェック。
①傍線部が、傍線部を含む文の中でどんな位置にあるか確認する(傍線部の主語は？　述語は？)。
②解法の手がかりを得るために、傍線部前後の**接続語**と**指示語**を意識する。
③傍線部の近く、あるいは遠くの**イイカエ関係**に注目する。

●傍線部問題の注目点

①傍線部自体の意味・難解語の解読には語い力が必要(内容説明問題ならその語句のイイカエを考える)。
②傍線部やその前後の表現と同じか類似の表現をチェックして、それらと同じ表現のある箇所をつなぐ(内容説明問題ならイイカエ部分を考える。理由説明問題ならイイカエのある部分の前後に手がかりを探す)。

●空欄補充問題の注目点

①空欄が、空欄を含む文の中で主語・目的語・修飾語・述語のどれに当たるか判断しよう。

② 空欄と前後の語との〈つながり〉を確認しよう。
③ 空欄の前後の文との小さな〈つながり〉を指示語・接続語で確認しよう。
④ 空欄前後の表現と同じか類似の表現をチェックして、それらと同じ表現のある箇所をつなごう。
⑤ 問題文全体や段落のテーマ、筆者の立場、言葉づかいと合致するものを空欄に入れよう。

4 内容合致（趣旨判定）問題などを解く

内容合致（趣旨判定）問題は、間違いを見つけたり、問題文に書いてあるかないかを吟味したりする消去法でいいが、ほかの問題は自分でヒントや正解の要素をつかみ、それを含んでいる選択肢はどれか、という積極的な方法で正解を選ぶ。問題文に書いてあるから、という理由で単純に○にしてはいけない。

復習しよう

① 解説を読もう。
② まっさらな問題文をコピーしておいて、文章の全体の流れ（大きなつながり）を意識し、自分の言葉でかみ砕いて読もう。
③ 声に出して誰かに説明するように、それぞれの設問の解きかたをもう一度確認しよう。
④ 語句を確認しよう。
⑤ 要約（100～200字以内）をするのもよい。やったら誰かに見てもらおう。
⑥ 数学と同じで、同じ公式を違う問題で使えることがポイント。今まで書いてきたようなルールを確認し、すぐに新しい問題にチャレンジしよう。

1 評論

『子どもはことばをからだで覚える』

日本大学(改)

別冊(問題) p.2

解答

問	解答	配点
問一	ア 1　イ 3　ウ 2　エ 2　オ 1	2点×5
問二	3	3点
問三	3	5点
問四	メッセージ	5点
問五	2	5点
問六	1　6（順不同）	6点×2

ムズ　問一ウ、問二、問三、問五

合格点 28点

/40点

問題文ナビ

語句ごくごっくん

L5 **主知的**…知性を重んじること

L5 **営為**…いとなみ

L9 **素地**…基礎

L12 **私見**…個人としての意見

L12 **テキスト**…①読まれるもの　②解釈されるもの

L13 **体系**…しくみ。まとまり。組織

L17 **権力**…他人を思いのままに従わせる力

L19 **口承伝承**…いい伝え

L19 **往々**…しばしば

L22 **福音**…①喜ばしい知らせ　②キリスト教における神の教え

L27 **権威**…①他人を服従させる力　②その分野の第一人者

L27 **象徴**…抽象的なことがらを具体的なものに置きかえて示すこと。またその具体物

L31 **客観的**…個人的なものの見方を離れ、誰にとっても変わらないさま

L32 **先哲**…昔の優れた人

読解のポイント

Ⅰ

●**言語に関する一般的な考えかた**

＝言語の使用も習得も理性的・主知的な営みだ

⟺

○**筆者の考えかた**

＝言語の習得は身体全体を巻き込んで行われる

Ⅱ

・言語の身体的側面が軽視された理由↓言語とそれを使った人間とを切り離して、言語を「テキスト」として扱った

←

・言語は権力者が自分の正しさを示すために使った

←

・発明された「文字」で権力などが支配力を強めた

←

・書かれた文字＝「古典」を正しく理解する手引きまで書かれるようになった

←

・人々の関心は「文字」に向かうようになる

ひとこと要約

言語＝文字、と考える狭い考えが常識となっている。

第1段落最後の「〜だろうか？」という形で「これからこのことそれについての答えを書くよ」という〈問題提起〉を表し、その部分を区切りとして、問題文は二つの部分に分けられます。こんなふうに、**〈問題提起〉の部分に着目して、問題文を分けていく**と整理しやすくなります。**形式段落にはこだわらず、内容的なまとまり＝〈意味のブロック〉に分けることが大切**。

そして第1段落の最後で分けると、その前では、ふつうの人の「ことば」に関する考えと違う、筆者の考えが**対比**的に述べられています。また、問題文前半で筆者が疑問を発し〈問題提起〉をしたので、後半はそれに対する筆者の答えが述べられます。〈これはどないやねん？〉という**筆者の〈疑問〉が記された〈問題提起〉があったら、それについて筆者がどう答えているか、を探りましょ**

う。こうした**意味のかたまりとそれらのつながりをつかめるようになることが、この問題集の一つの目標です。**

では、問題文をこうした意味のブロックにしたがって見ていきましょう。

Ⅰ　言語についての一般的な考えと筆者の考え（冒頭～*L*10）

耳で聴くことば、そして、のどの声帯をふるわせて発することば、そんな身の回りのことばのありかたを考えれば、それが「身体全体」の営みなのはすぐわかりますね。もし「聴覚と発声」に関わらないとしても、「手による喃語《なんご》」の研究で、身体のほかの感覚＝「運動系」に言語が関係することが明らかにされていると問題文に書かれています。とにかく「言語」と「身体」は結びついている！　ってことを筆者はいいたいのです。当然それは話すときのことばです。

それなのに、人間はいつしか、〈ことばの運用＝〈身体とは別の〉理性や知性に関わる営み＝文字、と考えてしまう〉んです。筆者は、こうした考えかたが生じるのは、〈「ヒト」は「ことば」をもつ点でほかの動物と違う〉＋〈「ヒト」はロゴス（＝理性）をもっている〉、という二つの考えかたが合体して、「ことば」＝「理性」となったからだと考えています。

そのうえ、「ことば」が「理性」に関係するなら、「ことば」を習うときも、「理性」的になされるに違いない、という誤解さえ生じるようになったのではないか、と筆者は考えています。

ここまでが、「～ないのである。」（*L*10）までの内容です。**L4**「にもかかわらず」までの一般論とそのあとの筆者の意見が**対比**的に論じられていることに注目してください。こうした**対比などの構造を意識することが、文章の整理や問題の解法に役立っていきます。**

Ⅱ　文字への関心（*L*10～ラスト）

それにしても、どうしてここまで「言語の身体的側面」が「軽視」されるようになったのか？　と筆者は**〈問題提起〉**をしています。

梅 POINT 〈問題提起〉のところは傍線を引くなどしてチェックし、筆者の〈答え〉＝結論、と結びつけるべし。

そしてその**〈問題提起〉に対して、筆者なりの〈答え〉＝結論、を示している場合には、〈問題提起〉の部分とその部分とを結びつけて理解しましょう。**

では筆者はこの自分の疑問にどのような〈答え〉を出していますか？　その〈答え〉のヒントは第2段落の冒頭（L12）で示されているのですぐ見つけられますね。〈答え〉は、ことばを「テキストとして扱う傾向」と関連している、というものです。**ここでいう「テキスト」は、**具体例として「口承伝承」もあげられているので、**〈文字〉だけではなく、話しことばも含んでいますが、傍線部①のあたりからは、「テキスト」が「文字」＝「書きことば」にかぎられていくので注意してください。**

いったんその「テキスト」の「ディスコース」がされると、「メッセージ」として独立し、社会や次の世代にも伝わるものとなります。それはことばを基礎とする「文化」の伝達です。こうした役目に、「メッセージとして一人歩き」（L14）してくれる言語は「うってつけ」で、言語をもつ人間は、文化遺産として「テキスト」を受け継ぐことができる「文化的存在」になったんです。

とくに「権力」にとって「テキスト」は好都合でした。だって権力者に都合のいいことば（たとえば、私（＝主君）が権力者であるのは正しい、とか）を、代々受け継がれてきたものとして「被支配」者（＝一般の人々）に「テキスト」で示せば、みんなを支配する自分の正しさ＝「正当性」（L20）を証明できるからです。

そして「文字」が発明されると、ことばの支配力はますます強くなります。たとえばキリスト教がヨーロッパを支配できたのは、多数の「福音書《ふくいんしょ》」＝「テキスト」で、キリストやその直接の弟子の死後も、信者に対してキリスト教の教義が「正当」（L23）であることを納得させることができたからです。

ただし、「テキスト」はさまざまに〈解釈〉されるものですから、「文字」によって世の中に広まっていけば、いろいろと解釈される「危険性」が出てきます。そこで、「福音書」＝「テキスト」の意図に則して、〈これはこういうふうに読むんだよ〉と、その内容を理解するための「手助け」（L26）が必要になります。それは「手引き」（L29）であり、あらたな「テキスト」です。

たとえばキリスト教に即していえばつぎのようなことです。

イエスの話したことば ↓ 実際にイエスのことばを聞いた弟子たちが死ぬ ↓ イエスのことばや教えを、「福音書」として「文字」に残す ↓ 「福音書」が「古典」となると、現代語訳など、それを読解する「手引き」が必要となる

こうして「テキスト」を「『正しく』」理解する努力が始まったのですが、「ことばというもの」について「客観的」に読み、考えていこうとしたとき、人々の関心は「先人（先哲）」の残した「文字（の内容）」に向きました。

逆にいえば、誰がいったのかという、ことばのもっている「身体的側面」に関心が向けられることはなかった、ということです。

問題文全体についてもうひと言。第1段落末尾と後半部とのあいだに、〈ことばの身体的側面の軽視はどうして生じたか？〉→〈執筆者から独立した文字への関心の高まり〉という、**筆者の問題提起とそれに対する答え、という関係が成り立っていること**はさっきもいいました。

そして「身体的側面の軽視」という今生じている現象は**結果**で、〈執筆者から独立した文字への関心の高まり〉がその**理由、原因**です。つまり**〈問題提起〉と〈それに対する答え〉は、結果と原因の関係＝因果関係**でもあるのです。このことも覚えておいてください。

細かなところだけではなく、こうした文章の大きなつながりをつかまえられるようになると、筆者のいいたいことも理解でき、設問の解法にも役立ちます。

梅POINT　問題文の構造を大きくとらえることが、読解・解法の第1ステップと心得よ！

テーマ　言語

言語には、話されることばと書かれることばがあります。話されることばの源が身体から振りしぼられる〈声〉であることを考えれば、話されることばこそがことばの原点であるはずです。でも文字が生まれ、グーテンベルクの活版印刷術が生み出されると、ことばは書かれ、印刷されるものとなります。また近代という時代では、本を通して知識を身につけ、自分の内面を豊かにすることが重要だと考えられました。それも一人で（近代は個人主義の時代なので）。だから、ことばは自分を高める本＝書きことばのほうに、重点が置かれてしまうのです。問題文には書かれていませんが、人々がことばの身体的側面を軽視した背景には、こうした近代の価値観があったんです。それは問題だ、ことばは身体だ！　と考えている筆者は、近代の価値観に背く〈反近代〉的な文章を書いていることになります。

設問ナビ

問一 **漢字問題（マーク式）**

ア「**依拠**」は〈よりどころとすること〉。なので**1**「**依頼**」**が正解**。**2**「奇異」、**3**「委任」、**4**「位階」。**イ**「**曲解**」は〈ものごとや他人の言動などを、素直にではなく、わざと曲げて解釈すること〉。なので**3**「**解雇**」**が正解**。**1**「会心（＝心から満足すること）」、「快心」は〈気持ちがいい〉という意味で、「出来（ばえ）」につながる形では使いません。**2**「介抱」、**4**「皆無」。**ウ**「**福音**」は〈イエス・キリストの説いた神の国と救いに関する教え。よろこばしい知らせ〉という意味で、「福音書」は新約聖書の中でイエス・キリストの生涯や言行について記したもののこと。「音」を「いん」と読む漢字は少ないので、入試にもときどき出題されます。なので**2**『**母音**』**が正解**。**1**「欠員」、**3**「寺院」、**4**「引導（＝死者の霊が迷わず浄土へ行けるように、導師の僧が唱える言葉。最終的な結論を言い渡して、あきらめさせる意味でも用いられます）」。**エ**は「**業績**」で**2**「**功績**」**が正解**。**1**「席次」、**3**「山積」、**4**「自責」。**オ**は「**需要**」。「受容」などと間違えないように。**1**「**肝要**（＝**大事なこと**）」**が正解**。**2**「用心」、**3**「海洋」、**4**「長幼」。

解答　**ア** 1　**イ** 3　ムズ **ウ** 2　**エ** 2　**オ** 1

問二 **空欄補充問題**

第1段落の**対比**関係に着目してください。
○筆者：言語の習得は身体全体を巻き込んでなされる営みだ〈例：喃語〉（**a**）
⇔
●一般的な考え：言語の習得や使用は理性的で主知的（**b**）

そこで筆者は「どうして、言語の**X**的側面」が「軽視される」んだ、と嘆いているのです。

つまり空欄**X**は、〈ホントは**a**なのに、みんなは**b**だと考えて疑わない。どうして**a**を「軽視」するんだろう?〉という文脈の中にあるんです。

だから**X**には**a**に関する語が適切で、「〜的」につながる語として**身体**を入れればよいでしょう。

また、**X**のあとの「軽視」という語から、一般に「軽視」されているもの＝**X**、と考えることができます。**b**のところで（L8）人々は「理性」や知性を重視しています。この一般的な考えと筆者の考えとの**対比**から考えると、「軽視」されているものは「**身体**」だと考えることができます。その点でも**3の「身体」が正解**です。ほかの選択肢は入れる根拠がありません。

梅POINT 空欄補充問題は前後の語との関係はもちろん、全体の文脈の中でも考えるべし。

ムズ **解答** **3**

問三 **傍線部（指示語）の内容説明問題**

指示語は前の内容に即して、それに説明をつけ加えていくという働きをするものです。

たとえば、「何かが動いている。それは犬だった」という文を考えれば、「それ」の直前の〈動いているもの〉を、「それ」という指示語のあとで「犬」だと明確にしているのです。つまり指示語が前と後ろの文脈をつないでいるのです。指示語は前後両方を見て考えてください。

ではこの傍線部①の指示語「こうした」は何をつないでいるのでしょう？　傍線部直前では「支配者」が言語を用いたという「傾向」が語られています。そして傍線部のあとではその「傾向」が「キリスト教」の場合にも見られる、といっています。つまりこの指示語は「支配者」と「キリスト教」とをつないでいるのです。つながるということは、先の例の「動いているもの」と「犬」のように、なんらかの共通点があるはずです。ではその共通点とはなんでしょう？　傍線部の前後を見てみると、どちらにも「支配」・「正当」という語があることがわかります。つまり**両者の共通点は言語によって自らの「支配」の「正当」性を示そうとしたこと**、だといえます。これをもう少し**イイカエ**ると、3の「**言語により支配者の地位を確かなものにすること**」となりますね。それに、傍線部の前に「口承伝承」とあり、傍線部のあとに「文字が発明されるに及んで」とあるので、傍線部は話し言葉が中心で、文字だけのことではありません。だから**正解は3**です。

1は「支配者」の側が何をするか、を説明せず、「被支配層」のありかただけを説明しています。それが右に述べたこととズレています。2 チョイマヨ は、「文字」に限定している点が「支配者」と「キリスト教」との共通点になりません。「文字が発明され」たのは傍線部のあとのことですから、傍線部の前の「支配者」は「文字」に頼ったのではありません。先にもいいましたが傍線部の「こうした傾向」は「文字」にかぎったことではないんです。「テキスト」というと教科書みたいな文字の集まりをイメージしてしまいますし、たしかに傍線部②のあとには「テキストを書かれた……」という表現があるので、「テキスト」は書かれたものも指します。でも「口承伝承」は〈いい伝え〉ですから、文字になっていないものです。ここをしっかり読めた人はナイスです。だから2では傍線部①の前の内容を指せません。それが読めれば、4 チョイマヨ も同様に「文字言語」にかぎっている点が×だとわかりますね。

ムズ　**解答** 3

問四　**抜き出し問題**

傍線部②は、**イイカエ**ると〈文字として書かれたものの内容を、もとのオリジナルな主張と違うふうに解釈してしまう〉ということです。

梅POINT　傍線部のある設問は、まず傍線部の意味・内容を理解することから出発すべし。

問三とも関連しますが、傍線部②は文字について書かれていることです。でも設問では「言語」というふうになっているので傍線部①以前の、文字になる前のことばについて書かれた部分まで、一応範囲を広げて、解答を探るべきです。

あと、設問でいう「喩《たと》え」とは〈比喩〉のことですが、**〈比喩〉とは〈二つのことがらを共通のイメージでつなぐ表現〉**のことです。〈リンゴのようなホッペ〉という比喩は、〈リンゴ〉と〈ホッペ〉という二つのものを、〈赤い〉とか〈ツルツル〉という共通のイメージでつないでいます。つまり〈比喩〉は共通性にもとづいて作られます。

なので、「言語がこのように『読み解』かれること」＝〈**a**　文字として書かれたものの内容を、もとのオリジナルな主張と違うふうに解釈してしまうこと〉と解答となる部分（**b**）は、共通性をもたなければなりません。

こうしたことを頭に入れて問題文を見ていくと、*L***14** に「**メッセージとして一人歩きを開始する**」という表現があります。傍線部②と同様、〈メッセージがもとのものと違うものになってしまうこと〉を示しています。傍線部②の「主張」と「メッセージ」も対応しています。これは話されたことばについて説明した部分ですが、先に述べたように「言語」という設問の条件にはこうしたことばも含まれます。

そして「一人歩き」という表現は擬人法（＝人間ではないものを人間のように見なして表現する仕方。比喩の一種）であり、ことばはホントには「歩」いてなんかいませんね。でもことばがもとの意味から離れて「読み解」かれてしまうことと、子供が親から離れて「一人歩き」するようすとは似ています。つまり（**a**）と共通性がある表現だといえます。なのでこれは比喩＝「喩え」です。設問文は「喩えている」表現を探せといっていました。

梅 POINT　抜き出し問題は、設問文に大切なヒントあり。

このことを忘れないでください。傍線部②直前の「執筆者の意図と無関係に解釈される」という部分を解答にした人はいませんか？　でもこれだと、何が解釈されるのかわからない、中途半端な抜き出しかたになります。そして決定的なのは、ここには「喩え」といえるものがないことです。

ということで、正解は冒頭の五文字「メッセージ」です。

解答 **メッセージ**

問五 傍線部の内容説明問題

言語の利用の仕方について、段階をしっかり確認しましょう。

> 話されることばがありました
> ↓
> それを支配者が利用しました
> ↓
> 文字ができるとなおさらそれが強まり、キリスト教の「福音書」などができました
> ↓
> （**問四**でも確認したように、）話しことばでもことばはオリジナルや話し手から離れていきますが、文字ではなおさら、離れていく「危険性」が生じます
> ↓
> そこで傍線部③のように、書かれたことばを「正しく」理解する「努力」が必要になります

大事なのは、傍線部の「言語」は、傍線部直前にあるように、文字で「記されている」ものだということです。そして、その文字を「『正しく』理解」するわけだから、傍線部の「努力」は、「テキストを書かれた意図に則して理解する」（L26）ことです。すると、**2の選択肢がここと対応していて正解**とわかります。「傍線部はどういうこと（意味）か」という設問を、**傍線部の内容説明問題**と呼びます。こうした設問は**〈傍線部をイイカエて説明すること〉**を求めています。古文の口語訳に近いと考えてもいいです。でも自分だけで**イイカエ**・説明するのはムズイ。なので、

梅POINT **傍線部の内容説明問題は、傍線部をイイカエ・説明している箇所をヒントに解くべし。**

梅POINT **傍線部の内容説明問題の正解の基準は、〈傍線部の内容だけでなく、表現とも対応しているものがよい〉ということだと心得よ。**

「先人」という語は問題文の最後にもありますが、これ

はイエスなど偉い人自身のことではなく、偉い人のことばを書き記した人たちのことです。キリスト教でいえば、「福音書は、イエスと実際に接した弟子たちが死亡したころに書かれた」（L22）とあるので、イエスのような「教祖」が書いたものではないです。それに傍線部はキリスト教の話だけをしているのではありません。傍線部の「言語」は権力者に関係があるものを含む可能性があります。なので**1**（チョイマヨ）のように「教祖」に限定できません。たしかに傍線部の前にはキリスト教の話が書かれていますが、傍線部を含む一文の冒頭「こうして」は今までの話をまとめる働きをしています。ですから傍線部は具体例を離れて、まとめとして説明されなければなりません。その点でも**1**はキリスト教にかぎった説明になっていて、傍線部のポジションと合わないのです。

梅POINT　傍線部や空欄の前後にある指示語や接続語の働きに注目すべし。

3は「学問として体系化する」という部分が、**4**は「『古典』の価値を世にひろめる」という部分が傍線部にも問題文にも書かれていません。

問六　内容合致（趣旨判定）問題　ムズ　解答　2

内容合致問題では、まずは大まかに選択肢の悪いところを見つける消去法で見ていきましょう。

- **一番悪い（ワースト1）選択肢は、問題文の内容や筆者の立場と矛盾するもの、対比が混乱しているもの（「矛盾」とは、車が正面衝突するように、選択肢と問題文がガチンコ衝突することです。これは0点の選択肢で×）。**
- **二番目に悪い（ワースト2）のは、問題文にナシ、つまり問題文に書かれていないことが書いてある（上りと下りの電車みたいに、選択肢と問題文がすれ違う）もの。**
- **問題文のつなげかた（ex：Aという内容とBという内容とのつなげかた）と違うもの、問題文にない因果関係がついているものはワースト3。**

この中で手ごわいのは「ワースト2」。とくに正解では問題文の表現を、違う表現に**イイカエ**たりします。そのように、言葉は違うけど内容は問題文と一致する選択肢と、ほんとに問題文に書かれていないことを書いている選択肢を見分ける訓練が必要です。

　ではランクを意識して、一つずつ選択肢を見ていきましょう。

　1……第1段落の「理性的かつ……素地をつくる」（L8）〜（L10）と一致します。**1**の「**ことばの習得に関する理解を困難にしている**」は「はなはだしく曲解する素地をつくる」を少しだけ**イイカエ**たものです。これが**一つ目の正解**。

　2……「権力」者の中には自分の「正当性」を「次の世代」に「伝えるため」「ことばをあやつ」った人もいるかもしれませんが、「ヒト」全般が、そうしたことを目的として「ことばをあやつる」とは断定できません。だから、「それゆえ」「〜と称されることになった」という因果関係は成り立ちません。選択肢の各部分の内容だけではなく、**つなげかた**にも要注意です。**ワースト2**＋**ワースト3**（因果関係×）。

　みんなの中には、〈因果関係がおかしいということは、問題文とガチンコ、×じゃないの?〉と考えた人もいるでしょう。ただし、ここで〈因果関係がおかしい〉といっているのは、たとえば〈AなのはBだからだ〉というときの、AもBもちゃんと問題文に書いてあるんだけど、「だからだ」という**つなげかた**だけがおかしい、という選択肢のことです。それは、問題文とまったくガチンコするものと分けて考えてください。

　3……意地悪な選択肢ですが、「イエスが死亡したころ」が間違いです。問題文には「イエスと実際に接した弟子たちが死亡したころ」と書かれています。**ワースト1**ですね。

　4……「文字」に書かれたものが本来と違ったように「解釈」される理由は問題文に書かれていないので、「文字を理解する能力を持たない人々」のせいだと断定することはできません。また**4**だと、「文字を理解する能力を持たない人々」だけが、「執筆者の意図と無関係に解釈」（L24）するかのように説明していますが、問題文からはそうとも断定できません。**ワースト2**の選択肢です。

　5……「キリスト教の」「書物」が「権威を象徴する人物の主張を誇張（＝大げさに表現する）するため」に作られたとはいえません。そのままの事実だともいえるでしょう。また「支配者の子孫」が「権威を維持していくため」にそのようなことをしたとも問題文には書いていません。**ワースト2**のグループです。

6……問題文末尾の内容ときっちり対応しています。これは間違えてはいけません。**二つ目の正解**です。

この設問は、二つ解答を選ぶ問題でした。そうした場合、絶対いいといえるのが一つしかなくて、あとは問題文と矛盾する選択肢ばかりで、一つだけ**つなげかた**がおかしいワースト3がある、としたらどうします？ そのときは、ワースト3を正解とするしかありません。この設問でも、

梅 POINT

「二つ選べ」という設問では、100点二つ、0点二つ、ではなく、選択肢をランキングしてみて、上から二つ下から二つ、というふうに考えるべし。

だから「**ワースト**」と書きましたが、100点と**ワースト3**を正解とすることがありえます。**ほかとの比べ合いで、マシだったら、正解にするっていう柔軟性を身につけてくださいね。これは内容合致問題だけじゃなく、すべての選択肢問題について必要なこと**です。

解答 1・6

2 評論 『日本語は進化する』

佛教大学(改)

別冊(問題) p.10

解答

問一		問二	問三	問四	問五	問六
1 ちょうたく	4 はたん	a 4	4	4	2	3
2 えんえき		b 3	5点	6点	6点	7点
3 まんえん		c 1				
		d 2				
2点×4		2点×4				

ムズ 問二b、問四、問五、問六

合格点 25点

/ 40点

問題文ナビ

語句ごくごっくん

L3 **擬(疑)似**…にせ

L5 **唐突**…不意なさま。突然。だしぬけ

L6 **カテゴリー**…同じ性質の事物が含まれる範囲

L8 **理にかなう**…理屈に合っていること

L14 **内実**…中味

L15 **プロセス**…ものごとの手順。過程

L19 **にわかに**…急に

L30 **認識論的**…ものごとを認識する仕方を考えるさま

L33 **まどろみ**…うとうと眠ること

L36 **領野**…領域・分野・カテゴリー

L37 **曖昧模糊**《あいまいもこ》…ものごとがはっきりしないさま

L44 **画定**…区切りをはっきり決めること

L46 **帰納**…複数の具体的なものを分析し、そこから一つの結論に達すること ⇔ L50 演繹《えんえき》

L48 **協調**…異なる者同士がおだやかに調和をはかること。ここでは〈みなに共有されるもの〉という意味

L50 **既定**…すでに決まっていること

L50 **演繹**…前提、仮説を先に示し、個々の事実に当てはめ、
その正しさを示すこと ⇔ L46 帰納
L55 **いかんせん**…残念ながら
L57 **同胞**…兄弟。同じ国民
L60 **射程**…（比喩的に、）力の及ぶ範囲
L62 **メディア**…情報を伝達するもの。媒体
L63 **ともあれ**…ともかく
L64 **先達**…先輩

読解のポイント

○日本語の論理
＝大きな枠組を設定し、徐々に小さなものへと限定して結論へ至る論理
（例：手紙の宛名《あてな》の書き方）
＝何かを見いだし、認識を作り上げていく論理
＝探索的・帰納的
（例：象は―鼻が―長い）

「〜は」＝大きな枠組の設定
＝あいまいな知覚を言語にしていく第一歩
「〜が」＝「〜は」で設定された領域を細かく限定していく

⇔

⇔

●西洋語の論理
＝初めから結論があり、決着がついている論理
＝議論で戦うには都合がいいが、何かを生み出すものではない

○筆者の主張
＝情報化社会では日本語の論理が破壊されている
＝明治の人間の知恵を振り返り、日本語の論理を確立していくべきだ

ひとこと要約

日本語の創造的な論理に注目せよ。

L49に、「これに対して」という**対比**の接続語があります。そこまでが**I**日本語について述べた部分で、「これに

対して」のあとが、Ⅱ西洋語について述べた部分です。ただ*L***55**～はまた日本語の話にもどるので、そこを、Ⅲ日本語の可能性について述べた部分とし、三つの意味のブロックに分けます。このように、**接続語などに注意して意味のブロックを見つけていきましょう。**

Ⅰ 日本語の特質（冒頭～*L*48）

日本語については、一般的に主語があいまいだとかいろいろな批判があります。でも筆者はこれらを「的外れ」だと考えています。逆に「あいまい」だとかいわれるところにこそ、「日本語の最も論理的な部分がある」とさえ考えています。ここに一般的な考えかたと筆者の考えかたとの対立（＝**対比**）があることを意識してください。

ではどういうところに、日本語の「最も論理的な部分」があるのでしょう？　筆者はその例として「手紙の宛名の書き方」をあげます。日本語は「大きなカテゴリー（＝範囲）」のものから、だんだん小さなものを書いていきます。日本語の主語↓述語、と呼ばれる書き方も同じで、最初に「語るべき主題」を示し、「次第に小さなものへと絞りこんでいくスタイル」（*L***15**）です。

こうした〈大から小へ〉という日本語の性格は、私たちが、あるものを深く「探索」し、何かを「発見」していく道筋と対応しています。つまりはじめはあいまいだったものが、その姿をはっきりさせていくのです。

とくに「象は鼻が長い」という文の「象は」の「は」は、主題（＝テーマ）を示します。世界の中に生きている私たちは、ふつうは世界にとくに注意を払ってはいないのですが、あるとき私たちの「知覚野」という意識の領域に、何か気にかかるような、「うながし」が生じます。〈なんだろう？〉などと思っているうちに、次第にそれが形をとって、〈あれは～だ〉という「命名」（*L***38**）が行われ、言語表現へとつながっていくのです。それは「『知覚』から『言語』への移行」（*L***41**）とも呼べるもので、それを成り立たせるのが日本語の「～は」であり、この「～は」のもつ「『知覚』から『言語』への移行」という性質こそ、「西洋語」には見られない「認識論的な重要性（＝ものごとを認識する仕方を考える際に重要なこと）」（*L***42**）なのです。あとは、

「～は」が動き始める
←

「～が」……領域を限定する
↓
徐々に「細かい限定作業」を行う

そのようすは、いろいろなものを探りながら、一つの明確な結論に達するという意味で、「帰納的」だし、みなに共有された範囲を前提にして区分けしていくから、そこで費やされる言葉は「協調的」なものとなるでしょう。

Ⅱ 西洋語の特質（*L* 49～*L* 54）

一方、西洋語は先に結論をいってしまいます。だから結論がすでに決まっているという点で、「既定的」で「演繹的」なものだし、それ以外の結論を認めないという点で「対立的」です。あらかじめ決着がついているという感じなのです。そこからは新たなものは生じにくい。

Ⅲ 日本語観の再確認（*L* 55～ラスト）

そういう点では日本語のほうが、何かを探り、何かを生み出す点で「創造的」だと筆者はいいます。でも、結論をはっきりいって、自己の立場を鮮明にしないといけない「国際会議」とかでは弱い。そして日本人自身も日本語を使って「不確かなもの」を突き詰めて考えようとしない。せっかくの探索の言葉＝日本語が台無しです。

そのうえ、ネットなどの「便利ツール」で単純な知識をゲットしそれで満足する、そして突き詰めてものを考えない風潮が社会に広まり、日本語の論理というより、論理そのものが壊れていっている状態です。言語の問題を超えて、社会全体（＝「言語の領域をはるかに越えた射程」）がものごとを突き詰めて考えなくなり、あいまいさだけが残る事態にまでつながっていっているのです。

筆者は最後に「～べきであるだろう」というように、一つの考えを示しています。それは現代において日本語でものを考えることを立て直すために、外国文化が大量に流れ込んできた明治の時代に、日本人がどのようにして日本語をとらえたか、をもう一度確認することが必要なのではないか、という主張です。

テーマ 情報化社会

〈情報〉そのものが価値をもつ社会、というのが「情報化社会」の一般的な定義です。そこでは新しさと速さが勝負ですから、ものをじっくり考えている暇はないし、言葉を選んでものを考えていく、というのも向きません。こうした中で、言葉の価値は下がり、人々はじっくり言葉で何かを考えていくことをしなくなります。一方で、私たちに関する〈情報〉は、ビッグデータとして私たちの外部にあるシステムに貯《た》めこまれていきます。もはや私たちには秘密を隠した〈心〉を抱くこともできない。それは、私たちが〈精神〉とか〈心〉とか呼んでいたもののありかたを大きく変える社会なのです。

設問ナビ

問一 **漢字問題（読み）**

1「**彫琢**」は〈字句に磨きをかけること〉。**2**「**演繹**」は〈前提、仮説を先に示し、個々の事実に当てはめその正しさを示すこと（例：一般にアブラナ科の花弁は四枚だ。アブラナ科のこのカブも花弁は四枚だ。やはりアブラナ科の花弁は四枚である、というような導きかた）〉。**3**「**蔓延**」は〈よくないものの勢いがさかんになること〉。**4**「**破綻**」は〈破れほころびること〉。

解答 **1ちょうたく　2えんえき　3まんえん　4はたん**

問二 **接続語補充問題**

接続語補充問題は、品詞でいうと接続詞と副詞が選択肢になります。そして、接続詞が空欄の前後の文関係を示すのが主な働きであるのに対し、副詞はあとに続く文の文末と対応して意味を作り出す働きがあります。なので、いつも**空欄の前後と文末へのかかりかたという両面を意識しなくてはいけません**。

とくに文末を意識するときは、文末に、特徴的な語句がある場合です。たとえば空欄 **a** は、あとに「〜とか、〜とか、（あれやこれやと議論が絶えない）」という特徴のある文型が続きます。こういうときに文末との対応を意識しましょう。つまり **a** の場合は、この「〜とか」にかかって、〈よく〜とか、〜とか、いわれるよね〉という意味が形成されるとスムーズな文脈になります。そこで〈何かあると・どうかすると〉というような意味を表す**4**「**とかく**」を入れるとよいでしょう。

空欄 **b** も「〜などは」という後続の部分と対応していると考えられます。また **b** のあとで話題として採りあげられる「〜は」という語句は、前段落で「〜が」とともにあげられていました。その中から、「〜は」だけをピックアップするのが[b]の部分です。そして、「は」が「思想的意味」（L25）や「認識論的な重要性」（傍線部B）などをもつことを述べていくのです。だから〈とくにこれなどは〉という意味の言葉が入ればいいのです。**3「とりわけ」**が〈とくに〉という意味を表しますから、[b]でOK。

空欄[c]はとくに特徴的な語句が続かないので、空欄の直前直後の関係を中心に考えてよいでしょう。直前の「『鈴木は』の部分を主語と呼ぶわけにもいかない」という事態を受け、それに対する対策として「国語学者たち」が「『主題提示』といった定義をあたえて、決着をつけ」（L28）ようとする、という文脈です。つまり[c]は、ある事態とそれに対してつぎにおこなったことをつないでいるのです。そうした二つの段階をつなぐ語としては、**1「そこで」**がふさわしい。[c]に**3**「とりわけ」を入れた人もいると思います。「とりわけ国語学者は……」というと通じそうですからね。でもよく考えると、日本語の主語のことを考える人なんか「国語学者」以外にいませんから、〈とくに〉っていう必要ないですよね。それに[b]に入れるものがなくなります。

設問文に「同じものを二度用いてはいけない」と書いてある問題は、〈迷うところがあるよ〉っていうサインですから、慎重に決めやすいところから決めていきましょう。

最後に空欄[d]。[d]も前後の文脈を中心に見ていけばよいところです。空欄の前で、筆者は西洋語には「結論」が「正しいか誤っているか、二つに一つしかない」（L51）といってます。この西洋語に対する否定的な評価を、[d]直後でより詳しく説明し、「創造」的な「論理」になりにくい、と批判しているのです。よってこの部分は空欄前後が、**イイカエ**の関係になっています。**2「つまり」**を入れて問題ないと判断できます。

解答　**a 4**　ムズ **b 3**　**c 1**　**d 2**

問三　傍線部の理由説明問題

傍線部**A**は何が「的外れ（＝肝心な点をはずしている、正しくない）」といっているのでしょう？　それは傍線部直前の「それら」のことであり、「日本語」が「あいまい」だという議論のことだというのはわかりますね。すると設問は、〈なぜ、日本語があいまいだという議論は正しくないと筆者がいっているのか〉と問うているのです。理由説明問題では、まず自分で正解となる要素やこうい

うことを答えれば正解だよね、という解答のイメージを作るようにしましょう。つまり、

梅POINT 理由説明問題では、まず傍線部の内容を理解し、何を答えれば「理由」になるかを考えるべし。

でも、〈理由〉って何？　って聞かれると、答えるのがなかなかむずかしいですが、たとえば「3は奇数だ」、なぜ？　と聞かれたら、「3は2で割りきれないから」と答えて正解。このとき、理由である「2で割りきれない」は「3」の性質です。そして「3」は主語です。ここで

梅POINT 〈理由〉とは主語のもつ性質や性格の中に探るべし。

という原則が導かれます。ただしここでいう**〈主語〉には、形の上で主語になっているものだけでなく、傍線部の内容を変えずに、主語になれるものも含みます**。たとえば「AはBに負けた」の主語はAですが、「BはAに勝った」とすればBが主語になりますから、Bの性質など考えなければなりません。

そして「2で割りきれない」という理由は「奇数」の定義でもあります。「奇数」は文の中の述語です。すると

梅POINT 〈理由〉とは、傍線部の述部（や問いかけ）につながるものであると心得よ。

ということになります。だから理由説明問題では、**解答の末尾に傍線部の述部（あるいは問いかけ）に近い内容がある選択肢がよい選択肢**です。この選択肢を選ぶ基準も忘れないでください。では問題にもどりましょう。

この傍線部の主語は〈日本語があいまいだという議論〉ですが、この「議論」は〈日本語はあいまいだ〉といっているのですから、日本語が主語だと考えてもいいでしょう。そして筆者は傍線部の直後で、「問題にされるところにこそ、日本語の最も論理的な部分がある」と述べています。すると筆者は、日本語（＝主語）の性質・性格は「論理的」だと考えているのです。これは**主語の性質だから、理由になります**。そして解答としても〈日本語は論理的だから〉でもよいのですが、どう「論理的」

なのかをはっきりいえれば、もっと説得力のある説明になるでしょう。では日本語が「論理的」だということの説明はどこに書いてあるでしょう？ *L*53ですね。「日本語のように、……不確かなものから徐々に結論を創造してゆく論理」と書いてあります。つまり**〈a 日本語は不確かなものから徐々に結論を創造してゆくという論理をもつ〉**のだから、〈日本語はあいまいだなどという議論は「的外れ」〉なのです。**a**はちゃんと述語部分の「的外れだ」にもつながります。あとは最も近い内容の選択肢を選べばいいのです。なので**正解は4**ですね。「スタイル」は日本語の「論理」を説明するときに*L*16で使われているので問題ないです。**3**は「論争に適した」が×。日本語は「論争するうえでは分《ぶ》が悪い」（*L*56）のです。**1**・**2**は**a**の内容をまったく含んでいないし、問題文にも書かれていません。

解答 4

問四 傍線部の内容説明問題

傍線部**B**の、「〜は」のもつ「認識論的な重要性」という表現はむずかしそうですが、第7段落に同じ表現があるのに気づきましたか？「これこそが、西洋語には見られない『〜は』のもつ認識論的な重要性なのである」（*L*41）という部分です。ここに傍線部を移す、と考えましょう。これで**〈つながり〉**ができました。するとその前の「これ」＝「認識論的な重要性」ですから、「これ」の指している箇所に「認識論的な重要性」の説明があるはずです。それは「『知覚』から『言語』への移行」という部分だと考えられます。「認識論的な重要性」も「『知覚』から『言語』への移行」も、ともに「西洋語には見られない」ものだという共通点があるからです。そしてこの「知覚」とは、*L*37にある、それこそ感覚的な表現である「曖昧模糊としたうながし」のことです。だってこれは「知覚野」に「生じ」るものだからです。**〈あれ？ なんだろう？〉というような素朴な感覚がだんだんと〈知覚〉対象を明らかにしていき（＝意識化）、最後には「これは〜である」という形で〈言語〉となるプロセス**を「『知覚』から『言語』への移行」といっているのです。

なので**正解は今述べた内容をなぞっている4**です。

3 チョイマヨ は二つの点（①と②）でおかしい。

①「西洋語には見られない」という修飾語句が「主語」にもかかってしまうこと。「西洋語の主語にはない『知

覚』から『言語』への移行」(L40)という表現を見れば、西洋語に主語があることは明らかです。

②「うながし」が「言語の発達をおしすすめる」ということ。これでは「うながし」が「言語」＝日本語を発達させるみたいで、因果関係がおかしい。

筆者は、「うながし」はやがて「言語」で表現されるといっているだけです。**3**の説明とは違います。

1の「細かい限定作業」は、「～は」ではなく、「～が」の役割です。「今度はそこに『～が』という表現があらわれてその領域をさらに細かく限定する」(L20)と書かれています。「～は」と「～が」とは、きちんと分けて考えてくださいね。

また「細かい限定作業」は「～が」の役割ですから、**L43**からの段落は「～が」について述べていることになります。するとそこに登場する「下位区分」も「～が」の役割のことだと考えられます。ですから**2**は「～は」のことを説明したことにはなりません。また「共通の領野」とは、誰もが共有している世界を意味しています。ただしそこにおける言語による作業は、「一個人の言葉によってなされ」(L46)ることもあると書かれていますから、**2**のように「対話者との共通の領野の中で」と限定することはできません。そこもおかしいところです。

梅POINT 迷ったときは選択肢ばかり見てないで、傍線部や傍線部と関連する部分を見て手がかりを見つけるべし。

傍線部Bの内容のまとめ

1(たとえば、向こうに黒いものがフワフワ浮いているように見えたとします)

↓

2(「あれ?」とちょっと不安になる)＝「曖昧模糊としたうながし」

↓

3(少し近づいてみると、黒いゴミ袋が木の枝にひっかかって揺れていたとわかります)

↓

4(「あれは、『ゴミ袋』だ」と言葉が脳の中で動きます。これも「命名」と考えていいでしょう。)＝「知覚」から「言語」へと私たちを導く「は」

のもつ重要な働き

ムズ 解答 4

問五　傍線部の内容説明問題

少しむずかしい問題です。「勝負がついている」といわれているのは、「AはBである。なぜなら……～であるからだ」（L49）という表現についてです。これは傍線部の前では、「既定的」、「演繹的」、「対立的」と説明され、傍線部につながっています。また傍線部のあとでも、〈正誤は二つに一つ〉で、「あらかじめ論者のなかで決着のついたことがらを戦わせる」と書かれています。これらをまとめて考えると、「勝負がついている」という表現にこめられている意味は、〈異なる議論が対立しながらも、もう初めに正誤や結論が決まっている〉ということです。そしてこれが西洋流の論理だと筆者はいいたいのです。

一方日本語の論理は、「不確かなものから徐々に結論を創造してゆく」のです。この日本語との**対比**で考えれば、〈先に結論がすでに決まっている〉西洋語の論理は、両者が歩み寄って何かを作りあげていくということはない、つまり「結論を創造してゆく論理にはなりにくい」（L54）。このことを筆者はいいたかったのです。「創造」することは**2**の「内容を深めていく」ことだといえるので、「それ以上内容を深めていく余地がない」といういいかたが、「創造的」ではない西洋語に当てはまります。よって**正解は2**。でもイイカエが厳しい！

梅POINT　正解の選択肢は問題文中の表現をそのまま使わず、イイカエていることが多いので、注意すべし。

イイカエについていける、語い力と解釈力を身につけましょうね。**1**のように「先に」いうかどうか、は問題文の内容と関係ありませんし、**3**チョイマヨ「勝つという見通し」はあるかもしれませんが、筆者が述べているのは、西洋語の論理が、まず「AはBである」というものであり、「AはBである」といった時点で「勝負はついている」ということです。この「勝負はついている」ということばで、筆者は「どういうことが言いたい」のかを問うているのが、この問題です。「勝負はついている」↓

〈勝つ見通しで発言した〉…？　論争は一種の勝負ですから、勝つ気でするのは当然です。でも筆者はそうした当たり前のことをいいたかったのでしょうか？　それは考えられません。なぜなら**3**のコメントは、西洋人のありかたを想像しているだけで、傍線部の表現とつながらないからです。また傍線部は、西洋語の論理を批判し、〈正誤は二つに一つ〉ということにつながっていく文脈の中にあります。**3**のコメントはそうした文脈にも合いません。**4**「判断が容易」というのも問題文に書かれていません。また**4**だと、西洋語をほめているようで、文脈や筆者の立場と合いません。

ムズ　解答 **2**

問六　内容合致問題

この種の問題は消去法で見ていきましょう。

1……「世界と私たちとは表裏の関係にある」(L34)し、「私たちが世界に関心を持つ」と「世界がそれに反応」するのですから、「私たち」と「世界」は仲がよいはずで、「(世界が)私たちと対立する」というのはおかしい。

2……「日本語同士で論争する場合は論理的な力を発揮できる」という部分が問題文にナシです。

筆者は「曖昧模糊としたうながし」を言葉に仕立てていく日本語の論理を支持しています。でも「わが同胞(=日本人)」にはその「不確かなもの」をそのままにして「言語化」せずに平気な人々がいる。そうした状況が「情報」の飛び交う現代社会の中で、言語の「論理」だけではなく、「言語の領域をはるかに越えた射程」=社会全体の「論理」を壊すところまで来ている、と筆者は考えています。そうしたことが書いてある最後から二つ目の段落の内容と対応している、**3が正解**です。

4 チョイマヨ……「宛名書き」と「日本語の論理」の共通点は、あいまいな大きな領域から始めて、次第に限定していく、という点です。それゆえ「宛名書き」で「個人の名前」は「最後に現れる」のです。だったら**4**は合っているようですが、「個人の名前」は「宛名書き」において「主語」ではありません。ここが間違いです。また筆者は「日本語の論理」の中で「主語」という概念を認めるとは明確にいっていません(L26〜L28)。それに問題文冒頭にあるように、日本語では「述語」が最後に来ます。その点でも「主語」が「最後」という**4**のいいかたはおかしいです。

ムズ　解答 **3**

3 評論

『「間（あわい）の文化」と「独（ひとり）の文化」』

駒澤大学（改）

別冊（問題） p.18

解答

問一	二元的対立	5点
問二	エ	6点
問三	X ウ　Y イ　Z カ	3点×3
問四	b ケ　c イ	3点×2
問五	イ　オ（順不同）	7点×2

ムズ 問二、問五オ

合格点 30点

/40点

問題文ナビ

語句ごくごっくん

L3 **概念**…ものごとの大まかな考えなどを言葉で表したもの

L6 **属性**…ものごとのもつ特徴、性質

L7 **二次的**…重要なものごとにたんに付随しているさま。あまり大事ではないさま≒副次的・二義的

L9 **機械的**…①機械が動くように単調な動きを見せるさま　②個性的でなく、型どおりのさま

L14 **紋切り型**…決まりきった型式・パターン。型どおりのやりかたや見方。おさだまり。ステレオタイプ

L15 **自律**…自分の意志や理性で自分の行為を制御すること

L17 **二元的**…二つの異なるものに基づくさま

L18 **絶対的**…ほかと比べようのないさま。ダントツ

L19 **主体的**…自分の意志と責任の自覚に基づいて考え、行動するさま

主体…自分の意志に基づいて、考えたり、何かに働きかけたりするもの

L22 **普遍的**…どこでも、誰にでも、すべてのものに当てはまるさま

L23 **自明**…当たり前

L39 **唯我的**…ほんとうに存在するのは自我だけだと考えるさま

L39 **相対化**…〈他との関係において〉冷静にものごと〈の価値〉を見つめ直すこと⇔絶対化

L48 **カテゴリー**… p.27 **語句「カテゴリー」参照**

L50 **Cogito ergo sum** …「我思うゆえに我あり」と訳されるが、自己の意識だけが真の存在だという意味

L56 **蛇足**…余計なこと

L56 **捨象**…ものごとのもつ特殊性や個別性を取り去ること

L63 **原基**…ものごとの基礎となる初めの状態

L66 **汎〜**…広く全体に行き渡ること

L71 **パラダイム**…**注** 参照

L76 **変数**…さまざまな値を取りうる数。ここでは多様な意味をもつ語句のこと

L80 **定型化**…型・パターンにはめること

読解のポイント

・〈欧米で想定される「個人」〉
=自律した自我
　↓
●こうした発想から見ると、日本人は「個人」としての能力を欠き、「集団」と一体化していると見える
　⇔
○筆者の考える「ひと」という〈にんげん〉=「間人」
=自分は他人との関係の中にある
・〈にんげん〉は他者との関係を生きる存在だ
　↓
○「個人」は「集団」と相互に浸透しあいながら、社会システムを作っている

ひとこと要約

個人と集団は分けられないものだ。

問題文では、L13の傍線部の〈**問題提起**〉が一つの区

切りを作っています。だから傍線部の前までがⅠ。そして、**〈問題提起〉があれば、それに対する筆者の考え＝〈結論〉を探すのでしたね。**その〈問題提起〉と〈結論〉とを一緒にしてⅡとしました。そのあとの第6段落（*L*25）以降は、「〈にんげん〉」の考えかたがはっきり打ち出されてくる部分です。すると問題文は、Ⅰ筆者が「集団主義」という概念を批判する部分、Ⅱなぜ「集団主義」という言葉が日本人に当てはめられるのか、を探った部分、Ⅲ筆者の考える〈にんげん〉のありかたについて述べた部分、の三つの意味のブロックに分けられます。

Ⅰ「集団主義」という言葉はいけない（冒頭～*L*13）

この部分では、筆者は「集団主義」という「概念」が、日本人の性質を分析する際に役立たない、ということを述べています。「集団主義」とは、明確な自分の意志や主張をもたず、「集団」の意向に沿うようにすることです。

でも筆者は日本には「集団主義」といえる現象は必ずしも見当たらないし、「集団主義」という概念で日本を分析すること自体が「適切ではない」と考えています。なぜ不適切なのでしょうか？「集団主義」という概念は、欧米でいう「個人主義（＝個人の意志を尊重する考えかたで、個人は意志や主張を明確に示し、それに即して行動しなければならないとされる）」を前提としています。つまり、まず初めに「個人主義」という概念があったわけです。でも日本を見てみると「個人主義」が「欠如」しているように見える。「個人主義」がないからって個人主義以外、って呼ぶわけにはいかないから、「個人」の反対語の「集団」という言葉を使って「集団主義」と呼ぶしかないね、ってわけです。「集団主義」という言葉はそうやって出てきた概念だから、ちゃんとした「オリジナル」な中味の定義がされていないので「空虚」だし、「個人主義」がメインでそれにくっついてるだけの概念なので「二次的」だ。そんないい加減な概念で日本の現実を把握できるわけがない。たしかに日本は欧米より「個人主義」が確立されていない。だからって安易に「集団主義」だっていって済ませていいはずがない、と筆者は考えているのです。

Ⅱ「集団主義」といわれた理由（*L*13～*L*24）

では、どうして日本人はワンパターン（＝「紋切り型」）のように、「集団主義」だといわれるのでしょうか？　これは傍線部（L13）自体の内容です。傍線部の内容は、筆者がこれから解こうとしている疑問＝**〈問題提起〉**の部分です。もともと傍線がついているけど、自分でもチェックできましたか？　まだ3講目だけど、そういうことが身についてきてたらナイスです。意識できなかった人も〈あや〜っ!?〉と思う必要はありません。これからチェックできるようになればいいんです。

　この問題提起に関して、傍線部のあとの段落以降で筆者は自ら答えています。まず欧米では、「自律性（＝自分の意志でセルフコントロールできる）の強い『個人』」が「社会生活の基本単位」でした。もちろん欧米にも「集団」はあります。でも「個人」対「集団」という、相異なる概念のバトルでは、「個人」が「優位」であるべきだと考えられていたのです。個人は「絶対」。でも日本人は「自律的」、「主体的」に振る舞っているようには見えない。だから「集団主義者」という「ラベルが貼られてしまった」（L20）んです。「〈にんげん〉モデル」といえば「個人」、それ以外に「〈にんげん〉」はいない。それほど自律した「個人」は「普遍的」な存在だと考えられていたのです。だから「個人主義」ではない日本は「集団主義」だと決めつけられた。これが〈問題提起〉に対する筆者の解答です。

Ⅲ 〈にんげん〉とは「間人」だ（L25〜ラスト）

　でもホントにそうでしょうか。「個人」というありかたは、それほど絶対なのでしょうか。筆者は日本人には、「個人」とは異なる「〈にんげん〉」のモデルがあったといいます。筆者は「協同団体主義」という言葉で日本人の「〈にんげん〉」のありかたを探っていきます。

　そこでまず和辻哲郎《わつじてつろう》という哲学者が、日本語の「ひと」という言葉の使いかたについて述べたことを引用します。和辻は、日本語の「ひと」は、①他人、②他者にとっての他者＝「われ」、③世人一般、④世間、という四つの意味を含んでいるといってます。つまり「ひと」の中で、他人と自分が一緒になっている。その「自・他」の関係が日本の「〈にんげん〉システム」で、それが「世間」を作っている（こうしたありかたを筆者は「協同団体主義」

と呼んでいるのでしょう)。だからつぎのようにまとめられます。

○日本……「自・他・世間」というシステムの中にいる〈にんげん〉＝「間人」
＝関係としての人間

⇔

●欧米……デカルトや近代哲学でいう「(孤独な) 自我」＝「自律的な個人」

では、「間人」と「個人」とで、どちらが最初の〈にんげん〉のありかたかというと、〈にんげん〉が初めから一人で生きていけるわけはないので、「関係」が先、つまり「間人」が先だということになります。「個人」はたまたま他者との「関係」がないように見える「特定」の場合の〈にんげん〉の「極限（この場合は、極端、というほどの意味）」の姿なのです。そう考えるなら、「間人」と「個人」にはつながりがあります。

欧米起源の考えかたは、すぐになんでも二つに分けて考えがちです。「同質」⇔「異質」とか。分けるのは違いをアピールしたいからであり、分けられると違いが目立つようになります。「個人」と、関係としての人間＝「間人」も「二元論的に対立する」と考えられがちです。でも〈にんげん〉のシステムを、「個人」と「集団」とに単純に分けられるでしょうか？　「個人」も「理知」（L79）だけで生きているのではなく、「ゆらぎ」ます。「集団」も固定されたものではなく、「ゆらぎ」ます。どちらも「ゆらぎ」ながら自らを維持したり、変化したり、向上していくのです。それが「自己組織化（＝あるものが自らをまとめあげ、作りあげていくこと）」ということです。「個人」のほうが、「集団」より「優位」なのではなく、両者は「同位体（＝ここでは、異なるが同じ位置にあるものというほどの意味）」であり、互いに相手の中に「浸透」しあいながら、「社会システム」を作り上げているのです。

そして問題文冒頭とのつながりでいえば、だから日本を「集団主義」という言葉で片づけてしまってはいけないのです。

テーマ　個人主義

キリスト教は神と個人が契約する宗教です。「お前は私を信じるか」という神の問いかけに対して、一人の人間が自分の意志に基づいて「はい」と答えたとき、神はその個人に〈救い〉を与えます。そうした一対一の関係、個人の意志の尊重が、近代には〈個人主義〉として西欧を中心に定着していきます。〈**個人主義＝集団よりも自立した個人の意志や自由を優先する考えかた**〉とキリスト教は強い関係があります。キリスト教圏ではない日本に**個人主義**が根づいていないとしても不思議ではありません。

またこの**個人主義**という考えかたは、同じく近代に強い力をもった〈合理主義〉とも連動しています。〈合理主義〉は、人間の理性を重んじ、その理性によって世界の法則を見いだそうとします。その理性は人間自身にも向けられ、自分をコントロールできる人間こそ真の人間＝〈個人（＝主体）〉であると考えられるようになります。問題文の最後に「合理」、「理知」という話が出てくるのは、**個人主義**が〈合理主義〉と関連があるからだともいえます。

設問ナビ

問一　空欄補充＆抜き出し問題

空欄 a のあとに「使われることが多い」とあるので、この部分は、筆者の意見と対比される、一般の考えかたを説明しているところだとわかります。その一般の考えかたの中で、「集団主義」と「個人主義」がどういう「構図」を作るのか、を考え、当てはまる語句を問題文中に探せばいいのです。

それをふまえ、設問条件である2の部分を探すと、第4段落に、「『個人』対『集団』という二元的対立構造」（L17）という表現があります。「主義」は使われていませんが、「個人」と「集団」との関係を、欧米の考えかたに即して説明した部分にこの語句はあります。筆者は欧米の考えかたに基づいて日本を論じることを批判していますから、欧米の考えかたは筆者の考えかたと**対比**されるものです。だから筆者の考えと**対比**される空欄部とも重なります。「構図」と「構造」との対応もいいですし、「二元的」は二つの異なるものに基づくさまを表すので、二つのものの関係を表す、空欄直前の「〜との」という表現にもうまくつながる。L69「二元論的に対立する」もヒント。よって、**「二元的対立」**が正解。

梅POINT 抜き出し問題では、傍線部や空欄前後と同様の表現があるところに注目すべし。

解答 二元的対立

問二 傍線部の理由説明問題

「問題文ナビ」でも述べたように、傍線部は問題提起をしています。そして「断定をした」というのは〈結果＝現象〉を示している部分です。こうした部分に傍線を引き、**理由・原因**を問う、というのは、因果関係を含む文章で作られる典型的な設問です。今回はその**理由**がすぐあとの段落に書いてあるので、そんなにむずかしくないでしょう。

ところで傍線部とつぎの段落の末尾の「集団主義者というラベルが貼られてしまった」（L20）という部分が**イイカエ**、イコールになっていることに気がつきましたか？「紋切り型の断定をした」というのは、いつも〈ハイ、日本人は集団主義者ね〉とワンパターンでぺたぺた「ラベルが貼られ」る、ということです。この「断定」と「ラベルが貼られ」るということは同じです。だから傍線部をつぎの段落の最後に移すんです。つまり**傍線部とこの箇所を〈つなぐ〉**のです。すると、「ラベル」の話の前に、「そのために」という指示語があるのが目に入ります。当然「そのため」の「その」が指している部分が、傍線部の**理由**になるでしょう。この「その」は、〈**a 欧米では「個人」は絶対的存在だが、日本人は無条件で集団と一体化し、「個人」としての能力を欠くと想定された**〉ということを受けています。

この傍線部の主語は、はっきり示されていませんが、〈欧米的な考えかたをする人〉だともいえるでしょう。**理由**は主語の特質の中にあるのでしたね。だからそういう人は、「日本人」をどのように見ているかを探る、という方法で考えていってもいいですね。それでも**a**と同じことに行き着くでしょう。

さてあとはこのことと合致している選択肢を見つければいいだけです。といっても少し迷ったかもしれませんが、**エ**の「唯一の形態が『個人』である」ということは、

〈個人は絶対だ〉ということと同じです。「絶対」はほかと比べようがないダントツの状態です。〈僕には君が絶対の存在だ！〉というのは〈僕には君しかいない、君が唯一の存在だ！〉といっているのと同じでしょ。そのことは「〈にんげん〉モデルの唯一普遍的な形態が『個人』である、という前提がある」と**L22**に書かれていることと同じで、**エ**の選択肢はここをもとにして作られています。そして、〈欧米的な考えかたをする人〉（主語）はこうした「個人」モデルを「前提」に見るから、傍線部のように「日本人は集団主義者」ってなるわけです。**a**の前半しか書いてませんが、これが一番マシ。なので**正解はエ**。

梅POINT 理由説明問題でも、傍線部と同義・イイカエになっているところに着目すべし。

アは、「集団と無縁」が×。「『集団』サイドからの要請と折り合いを付けながら」（L**16**）と食い違います。**イ** チョイマヨ は先に引用した「そのため」の前の部分の内容と同じだと思って**イ**を答えにした人もいると思います。でも「そのため」の前の内容に〈日本にも「個人」はいたのに〉という内容を付け加えてますね。ですが、「日本」に「主体的に振る舞うことができる〈にんげん〉が存在」したかどうか、問題文からは断定できませんし、そうした〈にんげん〉を「無視」したとも問題文には書かれていません。日本は集団主義じゃない、じゃ逆に個人主義だ、などと**対比**をひっくり返すのは要注意です。ひっくり返した内容が本文に書いてなかったら、正しいかどうか、わからないからです。**ウ**はたいていの「日本人」が「集団主義」だと認めたことになり、筆者の考えと×です。それに「言いきれないから」「断定」した？　傍線部とうまくつながらない。つまり**理由**になりませんね。**オ**は対比の混乱、という選択肢。**p.24**で述べた**ワースト1**に入ります。「意味的に空虚な二次的概念」（L**7**）なのは「集団主義」という概念であり、「個人主義」という概念ではありません。引っかからないようにね。

ムズ　解答　**エ**

問三　空欄補充問題

空欄**X**は一つ目の**X**の前に「関係性を捨象した」とあることから、「関係」と反対の**ウ「個人」**を入れればいいとわかります。

するとニつ目のXにも「個人」が入る。そこではXとYが対比されているので、Yに「関係としての人間」を表す**イ「間人」**を入れれば、明確な対比関係が作れます。

梅 POINT 対比の文脈にある空欄には、対比がより明確になる語句を入れるべし。

空欄Yにオ「関係」を入れた人もいるかもしれませんが、Xが「人」を表す語なのですから、それと**対比**させるためには「間人」のほうが適切です。**対比**というと〈正反対〉というイメージだけど、**対比**できるのは似たところがあるからです。〈今日ソバにしようかな、うどんにしようかな〉って比べられるのは、両方食べ物という共通点があるからです。〈今日ソバにしようかな、サンダルにしようかな〉とかはありえない。**対比**はある共通性を前提にした比較だということを覚えておいてください。XとYも「人」を表す語同士だから、**対比**が成り立つのです。

空欄Zは「システム」「モデル」につながります。問題文でこの両方にくっついて使われているのは**カ「〈にんげん〉」**だけです。**空欄補充問題は原文の復元です。〈これでも入る〉ではなくて、筆者の言葉づかいに従いましょう。**

解答 **Xウ　Yイ　Zカ**

問四 空欄補充問題

この空欄補充問題は語い力の勝負です。二つの空欄の前後には反対語のペアがいっぱい並んでいます。だから空欄bは「異端」の反対語、空欄cは「任意」の反対語が入ります。

ではまずbから。「異端」は〈正しい血筋（＝正統）から外れていること〉なので、反対語は**ケ「正統」**。「正当」とごっちゃにしないように。「正統と異端」はよく出るから覚えておきましょう。

つぎにc。「任意」は〈その人の自由に任せること〉で、反対語は**イ「強制」**。

解答 **bケ　cイ**

問五 内容合致（趣旨判定）問題

では一つずつ選択肢を見ていきましょう。

ア……「実質内容をもつ」が×。「集団主義」は「空虚な」（L7）概念だから「実質」はない。またホントは、「集団主義」という「概念」が「空虚」なのであって、**ア**は「集団主義的な事象」が「実質内容をもつ」とも読めますが、そういうことは問題文に書いてないです。どっちにしてもダメだけど、ちょっと作りかたがヘンな選択肢です。**ワースト1**とも**2**ともいえます(**p.24**参照)。

イ……***L*43～*L*48**の内容と対応しています。中国語では、「人間」は「関係的事象としてとらえられて」いて、「個人」とは「別のカテゴリーを構成している」と書かれています。これが**一つ目の正解**。

ウ……「日本人」の「〈にんげん〉モデル」は「関係」としての自己です。「個人」を「前提とするもの」ではありません。「欧米」が「個人」なのに、「欧米とは本質的に異なる」「個人」を「前提とする」というのも、日本と欧米をゴッチャにした**対比の混乱**、**ワースト1**です。また「個体的極限」(***L*68**)は「個人」を**イイカエ**た表現で、「個人」のほかに「個体的極限としての『個人』」がいるのではありません。

エ チョイマヨ……筆者は「二分法論理」については「妥当性に関して、疑問視されることはまったくなかった」(***L*76**)と批判的に書いていますが、「これを日本社会に用いること自体が日本研究のための道具概念として不適切」とはいってません。「日本研究のための道具概念として不適切」なのは「集団主義」という「概念」であって、「二分法論理」全体についていえるとは断定できません。**ワースト2**にランクされる選択肢です。

オ……前半は最終段落に書かれています。後半部も、最終段落の「社会システム」の話はどの社会にも当てはまることとして書かれていると読んで間違いないでしょうから、妥当だといえます。その証拠に空欄 Y ・ Z のある段落に、「個人」と「間人(集団)」のありかたは「日本人についてだけ当てはまる事柄ではなく、汎人類的(=広く人類全体に行き渡る)事象である」(***L*66**)と書かれています。なのでこれが**二つ目の正解**です。

梅POINT **内容合致問題の正解は問題文の複数の箇所を使っていることが多いので、問題文を広く見渡すべし。**

解答 イ・ ムズ オ

4
評論
「彩色の精神と脱色の精神」
中京大学（改）
別冊（問題） p.28

解答

問一	ア 息女	イ きょうえん	ウ 木石
問二	5		
問三	世界の諸事		
問四	幻想		
問五	1		
問六	3		
問七	5		
問八	5		

問一 2点×3　問二 4点　問三 5点　問四 5点　問五 3点　問六 7点　問七 4点　問八 6点

ムズ 問一ウ、問四、問六

合格点 27点　／40点

問題文ナビ

語句ごくごっくん

L4 **かしずく**…大切に育てること
L9 **機制**…しくみ
L10 **変哲（もない）**…変わっていること（がない）
L13 **対照的**…正反対の
L15 **還元**…①もとにもどす ②違うものを同じものと見なす≒単純化
L19 **独創的**…ほかのまねでなく、自分で新しく作り出すさま
L20 **豊饒**《ほうじょう》…①豊かなこと ②作物が実ること
L21 **饗宴**…もてなしのための宴会
L23 **パイオニア**…ほかに先駆けて何かを行った人。先駆者
L25 **魑魅魍魎**《ちみもうりょう》…化け物。妖怪変化《へんげ》
L27 **かげり**…影のあること
L29 **抽象**…個々のものごとから、それらに共通する性質を抽《ひ》き出すこと
L32 **実践理性の要請**…道徳的に理性が認めなければならない神の存在のこと

L36 ジレンマ…二つのことがらのどちらを選んでも何らかの不利益が生じ、態度を決めかねる苦しい状態。板ばさみ

L37 主体…p.38 語句「主体」参照

読解のポイント

○〈彩色の精神〉（ex：更級日記《さらしな》の作者たち…「ふつうの猫」を侍従大納言の息女（＝むすめ）だと思ってかわいがる

・世界は豊かな夢に満ちている ←

⇔

●〈脱色の精神〉（ex：フロイト…美しい夢も日常のことと結びつけて処理する

・理性的だが、世界は退屈な灰色の世界 ←

・近代の科学と産業を生んだ近代合理主義がもたらした状況 ←

・人々は、人生の意味を見出《みいだ》せず、そういう世界から脱出する方法もなかなか見出せない ←

ひとこと要約

近代合理主義は世界から夢や生の意味を消し去った。

まず**対比**をしっかり押さえたいです。〈彩色の精神〉と〈脱色の精神〉との**対比**です。そして後半は少しむずかしいですが、〈脱色の精神〉の中で生きる私たちの悲しい現実が描かれています。

Ⅰ 彩色の精神と脱色の精神（冒頭〜L21）

本文冒頭に出てくる更級日記の作者と姉は、ほんとは「ふつうの猫」（L6）なのに、それが侍従大納言の娘の化身だと信じてかしずく（＝大事に育てる）。それは「現実のなにごともないできごと」（L6）に夢や彩りを与えることです。

一方、夢の分析を通して人間の心理の奥底に迫ろうと

した心理学者フロイトにとって、夢は、夢を見た人間の心の内側を「分析」（L8）するための手がかりでしかありません。そうやってあくまでも夢という非日常的な世界を現実の日常と結びつけて解釈することで、その夢を見た人間の心の内側を解き明かそうとしたのがフロイトでした。つまりフロイトは夢をはいで、その中にある心理的な事実を見ようとしたのです。ふつうのことに夢のベールを与える更級日記の作者たちと、夢のベールをはぎ取ってその中にある事実をえぐり出そうとするフロイト。両者は「対照的（＝正反対）」（L13）ですね。そして筆者は、更級日記の作者たちのようなありかたを〈彩色の精神〉と名づけています。世界に彩《いろど》りを与えるからです。それに対してフロイトのようなありかたを〈脱色の精神〉と呼んでいます。世界から夢や彩りを抜き去ってしまうからです。

でもどちらが楽しいかは明らかでしょう。もちろん〈彩色〉のほうです。この世界は夢に満ちているわけですから、彩色の精神の持ち主は回りの人がなんでもないと思っていることの一つひとつに独創的（＝ユニーク）な意味づけをして夢をどんどん作っていく。夢や幻想が渦《うず》巻《ま》き、毎日が楽しい宴会のような世界です。

これに対して脱色の精神の持ち主は、フロイトのように世界を分析の対象にします。いつも冷静に理性によってその分析は行われ、〈これ一見面白そうだけど、結局は○○ってことだよね〉とか、自ら世界の夢や幻想をはぎ取ってしまうのですから、世界は灰色の荒野になってしまいます。

ここまでで、〈彩色の精神〉と〈脱色の精神〉との**対比**を各段落と結びつけて理解すること、そして〈彩色の精神〉の**例**としての更級日記の作者たち、〈脱色の精神〉の**例**としてのフロイト、という**まとめと例**の関係を理解すること、この二つができることが大切です。

Ⅱ 脱色の精神がもたらした世界（L22〜ラスト）

ただこうした脱色の精神が、近代という時代において、科学と産業を生み出してきたことはたしかです。そして科学技術が進歩し、山や森は「ブルドーザー」（L25）で整備される一方で、環境汚染をも生み出し彩色の世界の住人だったはずの「森の妖精」や「魑魅魍魎《ちみもうりょう》」（L25）はみんな行き場をなくしてしまいました。たしかに科学によってさまざまなことが解明され謎が明らかにされ世界は、比喩的にいえば、明るくなった。でもそれは「かげり」（L27）を失った世界でもあります。この「かげり」とは、暗いというより不思議さや謎のことだと考えればいいでしょう。そうしたものがない世界は退屈です。だから近代の延長に生きる現代人は、世界が退屈で「なにか面白いことないか」と「うそ寒い（＝味気ない冷え冷えとした）」（L28）言葉を交わすしかないのです。

世界のあらゆるものやできごとには、電気を帯びる（＝「帯電」（L29））ようにして、一つひとつに何かしらの意味がくっついています。でも科学の世界で扱われる対象は一つひとつの具体的なものではありません。たとえば〈リンゴ〉は一〇〇グラムの〈リンゴ〉というような形で、数値で測れるものとして「計量化」（L30）されます。でも一〇〇グラムという数値に合う〈リンゴ〉は世界に山ほどあります。そして〈一〇〇グラムのリンゴが落ちたときの加速度は?〉というようにして法則を得る。それが「科学」であり、それを支える「近代合理主義」（L39）のありかたです。

あることがらから共通点を取り出すことを「抽象」といいますが、まさに科学の対象は「抽象化」されています。抽象化されたもの同士は、似ているから「交換可能」（L29）です。これが人間にも適用されれば、一人ひとりの人間の行為や個人的な人間関係の中にある意味も失われていきます。本来この現実にいるのは、〈あの田中君であり、この佐藤さん〉であり、〈人間〉などという存在はどこにもいません。「人間」という言葉は、人の「共通点」を取り出して作った抽象的な言葉だからです。みんなも「人間」である前に、一人の個人です。だとしたら、そういうリアルじゃない「抽象」の世界に生きていても、手ごたえがない、自分がわからなくなるのは当然です。こうした味気ない「虚無」（L31）的な状況の中で、その虚《むな》しさに傷つかずに生きるとすれば、毎日繰り返されるルーティーンな日々の営みにどっぷりとつかることによってその虚しさを忘れるしかありません。でもそれができないとすれば、手ごたえのなくなった世界の中で、自分の生を支えてくれる何かがほしくなる。人間は弱いから、そういうものが必要なんです。それを筆者は〈人生の目的〉（L32）と呼んでいます。それも自分では作れないから、自分の「外」にそれを求める。たとえば「神」や戦争中の「天皇」（L33）。そしてたとえば〈天皇のためにこの命を捧げる、それによって社会的な名誉を得る＝「立身出世主義」〉というように、自分の生と死の「目的」を与えてもらう。もっと現実的な「富や権力や名声」（L33）を手にいれるんだぁ！　でもかまわない。

でもそれもうまくいきません。〈脱色の精神〉は「理性的」（L15）です。「神」の存在を論理的に証明することは困難です。つまり、それゆえに、「精神が明晰であればあるほど」（L35）、つまり「理性的」であればあるほど、自分が支えにしようとしているものが本当に存在するといえる根拠を答えられない。「目的」をもとうとするけど、それを否定するしかない自分がいる。だけど「目的」がなければ生きられないという苦しい「ジレンマ（＝板ばさみ）に直面」（L36）してしまうのです。賢いがゆえに、自分が欲しがっているものが疑わしいことに気づいてしまう。そしてこの世のすべては虚しいというニヒリズムが忍び寄ってくるのです。

近代は、夢や幻想を排除してしまった。だが、実はなんらかの幻想がなければ人は生きられない。否定したのにそれを欲する。欲するのに破壊する。相反することを同時に行っている近代の合理主義がはらむ「逆説」（L39 **設問ナビ問7**参照）を見ることができます。私たちはこうした奇妙で「荒廃」（L40）した世界を生きているのです。ではこの世界からどのようにしたら抜け出ることができるのでしょうか？　筆者は悲観的です。自らの幻想が虚しいと知りながらも、なおもその幻想を根拠なく良しとするもう一つの幻想を作り出し、その嘘《うそ》くささと虚しさを見ないふりをするという形で自分をだます、「幻想のための幻想といった自己欺瞞に後退する」（L40）しかないだろうと述べています。

テーマ　合理主義

近代は、人間が世界を支配しようとした時代です。人間だけが神様から「理性」をもらっているから、人間が一番エライという理屈です。もちろんこの「神」はキリスト教の神です。でも近代では一番エラいはずの「神」が軽視されます。そうなんです。近代は人間が神の代わりに世界の中心になろうとした、〈**人間中心主義**〉の時代なのです。その世界支配のアイテムが「理性」であり、それによって「科学」と「技術」が発達していくのです。近代がそして現代が、「科学」と「技術」の時代である源がここにあります。そして合理主義は〈理性や法則を重んじ、理性に反するものを否定する考えかた〉です。これは現代でも基本的には変わらないでしょう。**3講**のところで「個人主義」について書きましたが、「個人主義」と「合理主義」が近代を支える思想の二本柱、ビッグ2だということを、覚えておいてください。

設問ナビ

問一　漢字の読み書き問題

ア「息女」は〈身分ある人の娘〉。**イ**「饗宴」は宴会だけど、プラトンの本の題名としても世界史に出てくると思うので、覚えておきましょう。**ウ**がまさか「木石」なんて易しい字だとは思わなかったでしょ。直前の「谷川」と並列されていることがヒントです。

解答　ア息女　イきょうえん　ウ木石（ムズ）

問二　空欄補充問題

空欄を含む一文は、フロイトと更級日記が**対比**されています。この直前の二文も同じ**対比**がされていますね。それに二つの文のあいだには接続語がありません。

梅POINT　接続語ナシにつながっている文同士は、イイカエ・説明の関係になっていることが多いと心得よ。

接続語は文章の接着剤です。接着剤だから、文と文とが切れたり、離れたりしているときに使います。そういう接着剤を文章のプロが使わない。ということは、文同士が接着剤＝接続語を必要としないほど、密接な関係＝**イイカエ**など、をもっていると思ったからです。これは文章を書く人の意識を考えたときに出てくるルールです。このことは、設問解法にも、問題文のわからない部分を前後の文を手がかりに読解するときにも意識してください。

で、そうなると、空欄の手がかりは、直前の二文にあると考えていいでしょう。たとえば「解明」（L10）と空欄**b**・空欄**d**のあとの「解釈」は、似た意味をもっていますから。「フロイトは夢を」「解明」する、という部分と、「フロイトは……**b**を解釈」する、という部分はイコールと考えられます。すると**b**＝夢、となる。あと空欄を含む一文の言葉づかいにも注目してください。前半・後半どちらも同じ文型で、「によって」という語句が繰り返されています。原因をいう場合は違いますが、「法律によって裁く」などというように、「によって」の前には、〈基準〉や〈よりどころ〉となるような重みのあることがらが来ることがあります。この一文も「解釈」する基準が空欄 **a** と空欄 **c** なのです。だから **a** には、フロイトにとって重要なもの、**c** には更級日記の作者たちにとって大事なものを入れてあげると、「によって」がきちんと役割を果たします。こうした文法的な語句の理解も、空欄補充問題では役に立つので知識としてため込んでいってください。

すると空欄の前の文では、「フロイトは夢を……日常性の延長として分析」すると書かれています。これは「日常性」が「夢」を飲み込むようなイメージですね。つまりフロイトにとっては、「夢」は「日常性」の一部なのです。「夢」は「日常性」を明らかにすることによって解くことができるといっているのです。とするとフロイトにとって重要なのは、日常性＝現実です。だから **a** ＝現実です。**a** との対比関係からもやはり **b** ＝夢でOK。それと同じように考えれば、更級日記の作者たちは「日常の現実が夢の延長」なんですから、「夢」のほうが大切でそれがすべてを包み、その一部として「現実」がある。このことは「夢によって意味づけられ」る（L7）と書かれていることを根拠にして考えてもいいです。

梅POINT　空欄補充問題では、空欄の前後だけではなく、空欄の前後にある表現と同様の表現のある部分の内容に着目して空欄とつなぎ、手がかりとすべし。

どちらにしても、**c** には彼女たちが大切にしている「夢」が入ります。**d** は **c** との対比から「現実」が入ることはすぐわかります。

解答　5

問三　抜き出し問題

1講のp.21の梅POINTにも書きましたが、**傍線部のある設問ではまず傍線部の意味をきちんと理解しましょう。**「世界を脱色してしまう」というのは〈脱色の精神〉が行うことです。そのとき消されてしまう「色」というのは〈夢や意味づけ〉などです。このことは「『更級日記』の作者にとって、現実のなにごともないできごとの一つ一つが、さまざまな夢によって意味づけられ彩りをおびる」（L6）と書かれていることから判断できます。これは〈彩色の精神〉のありかたです。とすれば**対比**関係から、夢などを否定する〈脱色の精神〉では夢だけでなく「意味づけ」、「彩り」なども失われるはずです。すると傍線部は〈世界の夢や意味を消し去ってしまう〉と**イイカエ**られるとわかります。この傍線部の直後の文も見てください。そこには「世界と人生は……無意味な灰色の荒野にすぎない」と書かれています。やはり世界を「脱色」してしまえば、そこは「無意味」になるのだから、右に書いた傍線部の解釈は妥当だと考えていいでしょう。**p.44**の梅POINTでもいいましたが、**抜き出し問題では、まず傍線部と同様の内容・表現のある箇所を探る**のでしたね。

傍線部は〈世界から夢や意味が失われる〉ということでした。そのようなことが同じような表現で書かれているところがないかどうかを探ってください。

ただし**1講**の**p.22**の梅POINTにも書きましたが、**抜き出し問題では設問文にヒントや指示がありますから、それを絶対見落とさないように**。この問題の設問文の「傍線部以降」から、という条件を見落とすと、傍線部の前まで見ちゃったりして、悲惨なことになります。また**「一文」というのは、「。（＝句点）」のすぐあとから、次の「。」までのこと**です。こうしたことをふまえて、傍線部と対応する内容が書かれているところを探りましょう。

すると最後から二つ目の段落冒頭に「世界の諸事物の帯電する固有の意味の一つ一つは剝奪され解体されて、相互に交換可能な価値として抽象され計量化される。」という一文があります。後半部は意味を奪われた世界がどのようなものになるかということを説明している部分でむずかしいですが、前半部は世界の意味が失われるという内容ですね。設問の条件が「それを説明した部分を含む一文」ですから、後半が少し傍線部とマッチしなくても、前半部を含むこの一文を正解とし、設問文の指示に従い、始めの五字を解答とすればOK。 **解答** **世界の諸事**

問四 **空欄補充問題**

空欄のある段落は〈彩色の精神〉をもった人間にとって世界がどのようなものかを説明しています。彼らは「豊《ほう》饒《じょう》な夢をくりひろげ」、「彩りにみちた」世界を作り出します。すると **e** には「夢」と同じように、〈彩色の精神〉

と関係のあるものが入ればいいでしょう。**対比**的に言えばそれは〈脱色の精神〉の世界では排除されるものです。そう考えると、最終段落に何度も出てくる「幻想」という語句が、夢と同様の意味を表し、なおかつ〈脱色の精神〉は「幻想を排する」(L38)と書かれています。それに「幻想」＝〈イリュージョン〉ですから、[e]の前後の「彩りにみちた」や「うずまく饗宴」という華やかさともつながり、前後の語句との関係も問題ありません。

「意味」という解答を考えた人もいるかもしれませんね。ですが「意味」は抽象的で硬い表現ですから、[e]前後の感覚的な表現とうまくつながりません。その分「幻想」の勝ちです。

抜き出し型の空欄補充問題ですが、たんに内容だけではなく、空欄に入れたときの前後のつながりなども意識して解答を決めてください。

ムズ　解答　**幻想**

問五　語句の知識問題

「うそ寒い」という言葉は〈なんとなく寒々とした感じ〉を表す表現です。「うそ」という接頭語は〈なんとなく・ほんの少し〉という意味を表します。このことを知っていると、**正解は1**に決められますね。そして文脈を考えてみても、傍線部の前に「退屈し」、「なにか面白いことないか」と声をかけるのですから、心の中には〈つまんないな〉という暗さ、虚しさがあると考えられます。そうした文脈からいっても**1**が妥当だと判断できます。ほかの選択肢は、「うそ寒い」という言葉の本来の意味と大きくずれていますし、文脈上も傍線部に代入して適当だとはいえないと思います。**2**で少し迷った人がいるかもしれませんが、「退屈し」ている人間がいった言葉を「うわべだけ」のものだと判断する根拠が問題文にはありません。

解答　**1**

問六　傍線部の理由説明問題

2講のp.33の梅POINTでも確認したように、**理由とは基本的には主語の性質の中にあり、述語と関わるもの**でした。

傍線部の主語は「この問い」です。「この問い」は傍線部直前の「それ自体の根拠への問い」を指していると考えられます。そして「それ自体」は、「心まずしき近代人の生の意味への感覚を外部から支えようとするこれらいっさいの価値体系」という語句を受ける形でつながっています。そして「これらいっさいの価値体系」の例として、「神」などがあげられています。すると傍線部の意味は〈神などの根拠を問う問いは合理主義自体によっては答えられない〉という意味だとわかります。**どんな傍線部問題も、まずは傍線部の意味を傍線部前後の文脈をたどりながらしっかりと理解する**ことが大事でした。

そのうえで、じゃあ〈なぜ答えられないのか〉を考えてみましょう。その**理由**は主語の「この問い」の性質にあるはずです。「この問い」は「神」を例にとっていえば、〈神が存在するという根拠は何か?〉という「問い」でした。ですが、「神」の「存在」は〈信じる〉という心情の問題と大きく結びついていて、「理性」で証明できるものではありません。つまり**「価値体系」の根拠を問う「この問い」が理性と次元の異なるものである／理性との関連が希薄であるから（a）**、「理性」を重んじる「合理主義」には解答不能なのです。

よってこのaと最も対応している**3が正解**。**1**の「そもそも答えが存在しないから」は問題文に書かれていないし、aとも合致しません。**2**チョイマヨ「価値体系」は「心まずしき近代人」に必要であり、それに「問い」を発するのも「近代人」なのだから、「問い自体が近代的ではない」という説明は不適当。**4**チョイマヨ「価値体系」を求めるようになったのは、〈脱色の精神〉と近い「合理主義の徹底が招き寄せた」とはいえます。でも「合理主義が招き寄せたから」→「合理主義には答えられない」というのでは納得できる**理由**になっていません。理由はaなのです。

梅POINT　理由説明問題で、問題文に書いてあることだが、理由にはならないという選択肢に注意すべし。

たしかに**5**チョイマヨのようにいうことはできるでしょう。そんな「支え」を求めること自体、理性がない、というように。でも傍線部を見てください。今問われているのは、「この問い」になぜ〈合理主義は答えられないのか〉ということです。**5**は「この問い」にまったく触れていません。ですからこれも傍線部とのつながりがなく、**理由**にはなりません。

ムズ　解答　**3**

問七 **空欄補充問題**

「**問題文ナビ**」にも書きましたが、空欄 f の前に書かれているのは幻想を排除しているのに逆に幻想がほしいというありかた、自分を存在させてくれる幻想を自分で解体していくというありかたです。こういう意味をもつのが**5**「逆説（＝パラドックス）」です。よく〈①一見常識に反する（が、正しい考え）〉と辞書に載っていますが、評論では①の意味から発展した〈②相反することがらが同時に（同次元に）あること〉という意味で用いることが多いので、両方しっかり覚えておいてください。この場合も②の意味に近いですね。**1**「超越」は〈人間や現実を超えていること〉ですが、 f の前の内容と関連がないです。**2**のように「堕落」しているわけではないし、**3**のように「退行（＝子どもや原始の状態にもどる）」するわけでもありません。**4**「虚構（＝フィクション）」は〈作り物の世界〉のことですが、 f の前に書かれているのは、近代や現代の現実です。

解答 **5**

問八 **内容合致（趣旨判定）問題**

「合致しないもの」を選ぶので、間違えないように。

1……「それから（＝猫が侍従大納言の娘だといって夢に出てきた以降）姉妹はこの猫をいよいよ大切に扱ってかしずくのである」（*L* **3**）とぴったり一致してます。「姉妹」が大切にしたのであって、「『更級日記』の作者」じゃない、なんていう人がいるかもしれませんが、この「妹」は「『更級日記』の作者」ですから、「作者」も大切にしたという説明は正しいです。

2……「近代科学のメスを入れようと試みた」（*L* **23**）というのは、問題文のほかの言葉で言えば、科学的に「分析」（＝「解明」）しようとした、ということです。また「パイオニア」（*L* **23**）は「先駆者」と訳すことが多いです。なので**2**も問題文の内容に合致します。

3……「脱色の精神は彩色の精神を駆逐し」という部分は、「森の妖精や木霊《こだま》のむれ（≒**彩色の精神の世界**）は進撃するブルドーザー（≒近代科学技術＝脱色の精神の産物）のひびきのまえに姿を没し」（*L* **25**）を抽象化した表現だと考えられます。「近代の科学や産業を生み出した」は*L* **22**そのまんま。これも問題文と合致してます。

4……ちょっとせこい選択肢です。*L* **30**に「意味への感覚の喪失として特色づけられるこれらの過程は、日常的な実践への埋没によって虚無から逃れでるのでないならば」と書かれています。ということは「虚無」から逃れる方法の一つとして「日常的な実践への埋没」がありうる、ということになります。「虚無」も右に引用したように、「意味への感覚の喪失」と結びつく文脈にありますから、4のように説明することは間違いではありません。これも「合致しないもの」ではないです。

5……**5**は現代人が〈彩色の精神〉をもてる、といっています。ですが問題文のラストの「自己欺瞞（＝自分で自分をあざむく／だます）」以外に、「どこに出口を見出すことができるだろうか」という部分を読めば、筆者が現代の状況から抜け出すことに悲観的なことがわかります。たしかに〈彩色の精神〉なんか、もてたら幸せでしょうね。毎日宴会。でも〈彩色の精神〉は近代以降、「姿を没し」（L25）てしまったのです。そうした〈彩色の精神〉の世界に現代人ももどれる、あるいはもどろう、ということは、筆者がいっていないことです。主張っぽいのが正解だとか、問題文の最後には一番大事なこと＝主張が書かれているとか、フェイクにだまされないように。**5が問題文と「合致しない」正解**です。

解答 **5**

5

評論

『暇と退屈の倫理学』

龍谷大学

別冊（問題） p.36

解答

問一	㋐ ② ㋑ ③ ㋒ ④ ㋓ ④	2点×4
問二	②	6点
問三	③	6点
問四	①	6点
問五	④	7点
問六	③	7点

ムズ 問一㋐・㋒・㋓、問二、問四、問六

合格点 27点

／40点

問題文ナビ

語句ごくごっくん

L11 **観念**…頭の中にあるイメージや考え

L12 **記号**…①何かの代わりをするもの ②意味を発するもの（言葉など）

L18 **強迫観念**…絶えず心を占めて頭から離れない考え

L25 **相対的**…ほかとの比較や関係の中に存在するさま。ほかとの関係で価値が変わること⇔絶対的

L27 **論証**…論理的、理論的に明らかにすること

L30 **困窮**…（貧しさに）苦しむこと

L35 **享受**…ものごとを受け入れ、味わい楽しむこと

L53 **稀《き》（希）少《しょう》**…まれであること

読解のポイント

○浪費……将来を気づかわず、欲望を一気に満足させること→ストップする

⇔

●消費……生産者の押しつけるものを買うしかな

く、満足することがない↓終わりがない

ひとこと要約

消費社会は、ものが足りず、いつまでも満たされることのない社会だ。

問題文は空白行によって、三つのブロックに分けられています。「消費」と「浪費」を**対比**的にとらえながら、三つのブロックの内容を見ていきましょう。

Ⅰ 消費という不自由（冒頭〜L23）

豪勢な食事を十二分に食べる、豊かな気持ちになる。もう食べられないというところまで食べる。だから「ストップ」する。これが「浪費」です。

でもグルメブームに乗ってある店を訪れる。それは「だれかに『あの店に行ったよ』と言うため」。だからほかの店がはやれば、またその店に行かなければならない。「浪費」のように「物」を食べているのじゃなくて、店にくっついている「観念や意味（＝価値）」＝ブランドや、おしゃれとかお金持ちというイメージをゲットしたい。常に世の中の作り出すイメージにつきしたがっているから、「終わらない」。これが「消費」。

消費者が求めるのは、「物」じゃなくて、「観念や意味（＝価値）」（L11）であり、それはときには「個性」とも呼ばれ、人々は「『個性的』でなければならないという強迫観念を抱」きます。でもこの「個性」がなんなのか、誰にもわかりません。とりあえずレアなファッションとかを身につけて「個性的」といわれるために、「消費」します。でもファッションなんて、〈ただ一つの自分だけのもの〉であることはむずかしい。それに肝心の「個性」がなんだかわからない。だから「広告」が示す〈これを身につけろ〉という「強制」（L23）に従うしかない。でもやっぱり何が「個性」かわからない。「広告」の「強制」の中で、「自由」を奪われ、答えの出ない「個性」を追い求める。答えが出ないのだから、「個性」はいつまで経《た》っても「完成しない」。この「消費」地獄の中では「失敗」（L21）は目に見えています。

Ⅱ 狩猟採集生活＝浪費社会の豊かさ（L25〜L49）

消費社会と正反対の位置にあるのが、狩猟採集民の生活です。筆者はこの生活を、「消費社会」のありさまを浮き彫りにするためにもち出してきました。

> ○狩猟民の生活
> …限られた物をもつだけで十分
> …多くの物が手に入る
> …獲物は一気に食べる＝「浪費」
> ＝
> 「豊かさ（満足）」

筆者がこういう社会を示したのは、「消費社会」と比べるためです。「消費社会」は、将来や明日のことを思い、なるべくたくさんの物をもっていようとする社会です。だから〈パッとすべてを使い切って、満足！　という豊かさ〉のない社会です。

Ⅲ　消費社会で求められる「我慢」（L51～ラスト）

消費社会には物があふれているというのが、私たちの一般的なイメージです。でも筆者はそれは間違いだといいます。消費社会にはホントは「物がなさすぎる」。なぜって、「生産者が売りたいと思う物」しか商品にならないからです。消費者が何かを買いたいと思ってもそれがあるとはかぎらない。それに「物」は「稀少」であればあるほど、価値をもちます。だから生産者は多くを作らず、そのわずかな物をめぐって消費者が争奪戦を繰り広げてほしいと思っています。そして〈もう満足！〉ってなったら物を買ってもらえなくなるので、「浪費」は×。けっして「満足」に至らない、物が少なめの「回路」（L62）で「消費」をしてもらわないと困ります。

こうして、私たちは気づかないうちに、生産者が作り出すこの「消費のサイクル」に入れられて、「満足」することを「我慢」させられています。

よく〈物があふれている消費社会で人々は贅沢をしすぎだ〉という批判があります。でも筆者の考えからすると、この批判は的はずれで「勘違い」（L70）です。「消費」は、物を思いっきり使いつくす、「贅沢」と「満足」を与えません。「満足」を与えないから、消費は「延々と繰り返され」、「過激に、過剰になっていく」。もし消費社会を批判するなら、「贅沢」をさせて、消費をストップさせろ、というべきだ、というのが筆者の考えかたなのです。

この文章は私たちの常識を覆《くつがえ》すものです。**どんな文章に対しても、先入観や常識を捨てて向き合うこと**が大切です。

テーマ　消費社会

経済の根本は〈交換〉です。違う物をもっている者同士が、相手の物をほしいと思い、取り換える、これが経済の始まりです。そしてそのうち、人々がほしがる物を作る者が現れ、〈生産者〉と呼ばれます。そしてそれをほしがる〈消費者〉に与えます。そこでは生産物がなければ始まりませんから、〈生産〉が優位です。ですが、そのうち物があふれる社会になると、どういう物をもつことに意味があるのか、という〈消費者〉の選択が始まります。そうなると〈生産〉よりも〈消費者〉が優位に立ちます。そして物の実用性よりも、問題文にもあるように、物の意味やイメージが大切にされます。現代では、物ではなく〈情報〉が消費されるもののメインになりました。ホントは〈生産〉が経済の中心なのですが、〈消費の価値〉のほうが注目されるのが**消費社会**なのです。

設問ナビ

問一　漢字問題（マーク式）

㋐宣伝　①沈潜（＝深く没頭すること）　②**託宣**（＝神のお告げ）　③機先（「機先を制する」で〈相手に先んじてものごとを行うこと〉）　④周旋（＝売り買いや雇用などで、間に入って世話をすること）

㋑必需品　①天寿（＝天が与えた寿命）　②甘受　③**内需**　④成就

㋒推奨　①無《ぶ》粋（＝人の情に理解がないこと。やぼったいこと）　②水泡（「水泡に帰す（る）」で〈努力が無駄に終わること〉）　③出納（＝金銭などの出し入れ）　④**邪推**（＝他人の言動を、悪く推測すること）

㋓清貧（＝私欲がなく、そのため貧しく暮らしていること）　①猛省　②隔世（「隔世の感」で〈世の中や時代がすごく変わったという感じ〉）　③市井

（＝町中、庶民の世界）　④**血清**

解答　ムズ **ア**②　**イ**③　ムズ **ウ**④　ムズ **エ**④

問二　**傍線部の内容説明問題**

傍線部の内容説明問題（〜とはどういうこと（意味）か、と問う設問）では、傍線部の中で説明を必要とする語句や部分を一つの単位として、

梅POINT　**傍線部をブロックに分け、それぞれのブロックをイイカエ、説明していくべし。**

というのがパターンです（もし記述問題が傍線部内容説明問題だったら、やはりこういうふうに解いてください）。この傍線部①でいえば、「記号」という語がポイントになるでしょう。「記号」とは〈意味を発するもの〉という意味です。また傍線部で「記号」だといわれているのは、「店」です。「店」については、傍線部の直前に「店に付与された観念や意味」という記述があります。この「意味」という語と「記号」の〈意味を発するもの〉という内容が対応しますから、傍線部は〈消費が行われるとき、店はある意味を担わされている〉ということになります。また「完全に」というのは「食事という物」の消費がまったく無関係になっている、ということです。このことは「消費者が受け取っているのは、食事という物ではない」、と傍線部の前に書かれていることからもわかります。すると**正解は②**。「イメージや価値」という表現は「観念や意味」の**イイカエ**です。「意味」は「価値」と近い言葉です。〈こんなことをしてなんの意味があるんだ？〉という文は〈こんなことをしてなんの価値があるんだ？〉と置き換えられるでしょ。こうしたことも覚えておくと、選択肢の**イイカエ**についていけるようになります。

④がチョイマヨですが、「次々に与えられる情報に従って行動した」という説明では、「店」のことに触れていないので、「店」が「記号になっている」という傍線部の表現と対応しません。問題文に書いてあることであっても、

梅POINT　**傍線部内容説明問題では、傍線部と、内容も表現も対応する直訳的な選択肢を選ぶべし。**

という基準を貫《つらぬ》くこと！ ①・③は後半が問題文にも書かれていないし、傍線部とも関係がありません。

ムズ **解答** ②

問三 傍線部の理由説明問題

2講の**p.33**の梅POINTでもいったように、**〈理由〉は主語の性質であり、述語へとつながるもの**でしたね。そしてその**主語は形式上の主語だけではなく、傍線部の内容が変わらないならば、それを主語として、その性質を探ることもOK**でした。この設問の傍線部の主語は「人」ですが、「人」の性質はあまり問題文に書かれていません。そこで傍線部を「個性（を追いもとめること）は人を満足に到達させない」というように、「個性」を主語にしてみましょう。こうしても、傍線部の意味は変わりませんね。また選択肢も「個性（を追いもとめること）」を主語にしているものが多いので、選択肢を見て、傍線部の主語を「個性（を追いもとめること）」としてみようと考えるのでもいいですよ。

そしてその「個性」は「広告」が「煽《あお》り」、消費者が追い求める「観念」です。でも**「個性」が「何なのか」は「だれにも分からない」**と傍線部②の前に書かれています。だから「『個性』」に「到達することがない」のだ、といえるでしょう。なのでこうした内容を的確に示している③**が正解**。「実体（＝本体、内容）があるのかどうか、けっして分からない」という部分が、「何なのか」「分からない」という記述と対応しています。

①・②は問題文に書かれていません。④チョイマヨは常識ではよくいわれることですが、「本当の『個性』を見つけられずに終わる」という説明だと、どこかに「本当の『個性』」があるかのようです。でも「個性」はなんなのかわからないのですから、こうした説明は問題文の記述とズレています。④を選んだ人は、問題文の内容ではなく、常識に引きずられる傾向があるのかもしれません。注意しましょう。

解答 ③

問四 傍線部の内容説明問題

傍線部③「豊かさ」は狩猟採集民の生活にあります。「ふさわしくないもの」を選ぶのですから、狩猟採集民の生活に当てはまらないもの、を選べばよいのです。②・③・④は*L*38～*L*44の段落に書かれています。それらに対し①チョイマヨの「有効に活用する」ことが「貸し借り」（L28）だとしても、傍線部の「豊かさ」は「経済の」「豊かさ」ですから、「狩猟採集民」の「浪費」につながるものです。たしかに彼らは「限られた物的所有物のおかげで」（L34）豊かなのですが、「貸し借り」のことは、「物をもたない」ことを示すために書かれているのであり、物を「有効に活用」していることをいうためではありません。それに、①の「有効」「活用」は節約しているみたいで、問題文に書かれているとはいえても、「浪費することが許される経済」（L39）の「豊かさ」のイメージには合いません。**①が解答**です。

ムズ 解答 ①

問五 傍線部の内容説明問題

「贅沢をさせろ」というのは、「贅沢」ができないからです。**「贅沢」は「浪費」とつながる豊かさです。**でも現代社会は「消費社会」であり、「浪費」も「贅沢」もさせてはもらえません。だから「贅沢」＝浪費＝豊かな生活を要求するのです。なのでこうした内容と合致する④**が正解**。②チョイマヨは、内容的には④と似ています。でも「過激になる一方の欲望」は「消費社会」で生じる「欲望」の形なので、「贅沢」という「浪費」の説明には不適切な語句です。**対比**を混乱させるからです。それに傍線部の内容説明問題では、**傍線部と内容も表現も対応する直訳的な選択肢を選ぶ**のでしたね。「させろ」という要求を示す傍線部④に対して、「〜できなければ、…とはいえない」という表現は対応していません。④の「味わいたい」という表現のほうが傍線部に対応しています。①と③の末尾部分は、問題文に書かれていないことです。また、③は「消費（社会）」の話になっていて×。

解答 ④

問六 内容合致（趣旨判定）問題

①……第1段落の「いつもいつも……質素な食事というのはさびしい」、「浪費は生活に豊かさをもたらす」と一致しています。

②チョイマヨ……「狩猟採集民」の社会は「豊かな社会」です。そして「もっとひどく働かねばならない」「農業の採用」を拒んできました（L43）。この二つの間には直接因果関係があるとは書かれていませんが、「狩猟採集民」も、もし「豊かな社会」でないのなら、きつい労働もしなくてはならないでしょう。すでに「豊かな社会」であるか

ら、つらい労働をする必要はない、と考えられるので、②の「〜からである」という因果関係はおかしくはないです。もし「この因果関係はいいのかな?」と思っても、p.24で述べたように、**つながりや因果関係に問題がある選択肢はワースト3クラスの選択肢**ですから、②は保留にして、ほかの選択肢を見て判断しましょう。

③……「狩猟採集民」は「豊かな暮らし」をしています。そして彼らは「貯蓄等の計画を知らない」(L36)けど、それを筆者は直すべきだとはいっていません。とすると③は問題文に書かれていないことだし、筆者の考えとも食い違います。**ワースト1、ワースト2**のランクに入ることは間違いありません。なので②よりも**③のほうが「合致しない」といえるので、これが正解です。選択肢をランクづけする意識をもってください。**

④……「消費社会」では「消費へと駆り立て」(L59)られ、「絶えざる観念の消費のゲームを続けることをもとめ」られます。それを「欲望をかき立てられている」と説明してよいでしょう。また消費社会では「いくら消費を続けても満足はもたらされない」(L73)と書かれているので、「欲しい物を手に入れても満足することができずに」います。よって④は問題文の内容と合致します。

ムズ 解答 ③

6 評論

『芸術回帰論』

専修大学

別冊（問題） p.46

解答

問一	問二	問三	問四	問五	問六	問七
①	⑤	④	④	②	⑤	⑤
3点	3点	4点	8点	8点	6点	8点

ムズ 問四、問六、問七

合格点 28点

／40点

問題文ナビ

語句ごくごっくん

L12 **ネガ**…被写体の明暗や色が逆になっている写真のフィルムのこと。問題文では手の部分が白く浮き上がることを表現している

L14 **普遍的**…p.39 語句「普遍的」参照

L17 **記号**…p.60 語句「記号」参照

L21 **グローバリゼーション**…国家という枠を超えて、世界規模でモノや人間、金銭が動く現象・またそうした動きを広めようという考えかた

L29 **端的**…①明らかなさま　②要点（＝ポイント）をとらえているさま

L30 **偏在**…かたよって存在すること

L46 **霊験**…神仏の力によって現れる不思議なしるし

L50 **遍在**…いつでもどこにでも存在すること

L58 **権力**…p.14 語句「権力」参照

読解のポイント

・かつて…イメージは特定の場所に存在していた
（例：ネガティヴ・ハンド）
↓
ひとこと要約
現代、イメージはメディアと資本と技術、そして権力によって世界中に行き渡る。

問題文は、「ネガティヴ・ハンド」という太古の「手の痕跡」が、現代ではどのような運命をたどったか、を語った文章です。その「ネガティヴ・ハンド」に関する「ふたつの特徴」（L29）が後半のメインです。なので**L30**からの、「ふたつの特徴」に触れていく部分に意味のブロックの切れ目があると考えて、二つに問題文を分け、並列されている「ふたつの特徴」とは何かを考えていきましょう。

Ⅰ「ネガティヴ・ハンド」を使った広告〈冒頭〜L29〉

筆者が南フランスの道路わきに見た広告の中に「石器時代人の手の跡」がありました。それは「大手の広告会社が自社をアピールするために」仕掛けたものでした。その「手の跡」は「ネガティヴ・ハンド」と呼ばれるもので、「紀元前二万年から三万年」の頃の「手の跡」です。

筆者はここで考えます。世界中で見られる「ネガティヴ・ハンド」は「人類が石器時代の長い時間をかけて、地球上のいたるところに拡《ひろ》がった」（L19）のだから、「グローバリゼーション」の始まりだと。すると「グローバリゼーション」はすでに「石器時代」に始まっていたのだといえます。そして現代の「グローバリゼーション」の中で、「ネガティヴ・ハンド」はインターネットなどによって「世界的なイメージ」となりました。

Ⅱ　グローバル化時代のイメージの特徴〈L30〜ラスト〉

かつて「ネガティヴ・ハンド」のようなイメージは、

ある特定の場所に「偏在」していました。それらの絵を残すのはここでなければならない、という「特別な理由」があったのでしょう。それは「信仰」とか宗教にも関係があるかもしれません。

また身体に描かれた「ボディペインティング」も描かれた特定の人間と一体となっているという点で、「洞窟絵画」と同じ「偏在性」をもつといえます。実際、洞窟の文様と人間の身体に描かれた「文様」とは「形態」の上で関係があります。

また寺院などに収められた作品（イメージ）の場合は、場所が特定されるだけでなく、見られる「機会」も特定され、かぎられています。

こうした「特定」され限定された性格をもっていたイメージが、現代では科学技術によって、「偏在」ではなく「遍在」することになりました。これが今日のイメージの「遍在性」という性格です。

ですが今日のイメージには、もう一つの「遍在性」があります。この遍在性は科学技術の発達ということとともに、ある力が働いてもたらされたものです。その力とは「権力」です。たとえば西洋の科学技術が、帝国主義、植民地主義という権力によって広まったのと同様に、現代のイメージもそれを政治的に利用しようとする「権力」がなければ、世界に広まってはいかないのです。アメリカの選挙のように、政治がメディアやイメージを重要な武器にしていることは、みんなも知っているでしょう。この「権力」には、「大手の広告会社」（L8）の〈力〉なども含まれているのかもしれません。私たちがなにげなく見ている「イメージ」にも、背後には「権力」の思惑《おもわく》が働いていると筆者はいっているのです。

ですから、筆者がいう「グローバル化時代のイメージ」の「ふたつの特徴」（L29）とは、

①情報通信技術と結びついた遍在性
②権力を背景とした遍在性

という「ふたつ」だということになります。

テーマ　グローバリゼーションとナショナリズム

グローバル化とは、〈国家という枠を超えて、世界規模でモノや人間、金銭が動く現象〉です。そうした**グローバル化**を進めようという考えかたを**グローバリゼーション**といいます。〈民族〉を単位として作られた近代の国民国家がゆらぎはじめ、その枠を超えて世界が一つになろうという動きです。

でも〈民族〉はそう簡単には引っ込みません。**グローバリゼーション**が進むと、逆に「オレたちはあいつらと違う」という反発が起こり、そこに〈民族〉という考えが顔を出し、オレたちの〈民族〉文化を守れ、という〈民族主義・国粋主義〉＝**ナショナリズム**が勢力を盛り返します。民族主義は他を排除する傾向と結びつきやすいので少し危ないです。でも**グローバリゼーションが進むとナショナリズムが盛り上がる**、相反するように見える二つのものが競い合う、それが現代の世界です。

設問ナビ

問一　漢字問題

「モウマク」は「網膜」と書きます。**正解は①**です。

解答　①

問二　漢字問題（読み）

「痕跡」の「痕」の訓読みは〈あと〉。なので**正解は⑤**。

解答　⑤

問三　語句の意味を問う問題

「偏在」の「偏」は〈かたよること〉。だから**正解は④**。②は「遍在」のほうの意味なので、間違えないように。

解答　④

問四　空欄補充問題

まず空欄A の直前に「自社をアピールするために」とあるので、**「アピール」に関連するもの**（a）、というのが一つ目の条件です。また空欄直後の「として仕掛けた」という表現にもうまくつながらないといけません。そして、この「として仕掛けた」という表現は、空欄の主語である「それ」＝「石器時代人の手の跡」を、たんに「手の跡」ではなく、**〈何か違うもの〉「として」用いたということ**（b）です。〈本を《重し》として用いる〉のは、〈本〉のもともとの使いかたと違いますね。それと同じように、「広告会社」は「手の跡」を、本来の「手の跡」がもつ意味とは違うものとして用いようとしていると筆者はいっているのです。

梅POINT　**空欄補充問題では、まず空欄の前後の語句とのつながりを作ることが大切と心得よ。**

ではどのようなものとして「手の跡」は用いられたのでしょうか? L15に「人類にとってもっとも古く普遍的なイメージ」＝「手の跡」＝「ネガティヴ・ハンド」が「『最新の広告』として使われている」と書かれています。すると（**a**）・（**b**）の条件に合う④**が正解**として浮上します。「ネガティヴ・ハンド」は「『最古』のイメージ」（L13）でもあるので、④「最古で最新の広告」といういいかたをしても問題ありません。「最古」のものを「最新」として示す意外性を「仕掛け」て「自社をアピール」しようとしたということです。①チョイマヨを空欄に入れると、「ネガティヴ・ハンド」が、太古の時代から「広告」だったという意味にもとれます。それは「偏在していた」（L30）はずの「ネガティヴ・ハンド」と食い違います。②の「偏在」では〈かたよって存在すること〉になりますから、「アピール」が狭い範囲に限定されるので、**a**の条件に合いません。また「ネガティヴ・ハンド」は現代のイメージでもありますから「偏在する」とはかぎりません。③チョイマヨ「旧石器時代のイメージ」、⑤チョイマヨ「普遍的なイメージ」（L14）は、それぞれ「ネガティヴ・ハンド」のもともとの性質ですから、**b**の条件と一致しません。

ムズ 解答 ④

問五 傍線部の内容説明問題

「洞窟絵画」と「対になる（＝ペアになる）」のは、傍線部を含む文の主語である「人間の身体に直接描く文様」です。「対になる」のは同じ性質がある場合もあるし、正反対の場合もあります。「人間の身体に直接描く文様」は傍線部の直前に書いてあるように、「特定の人間と結びついて」います。「洞窟絵画」も「特定の洞窟の、特別な場所を選んで描かれている」（L31）と書かれています。

また傍線部のあとには「壁画とボディペインティングのあいだ」には「形態上の連関がある」と書かれています。すると二つのあいだには共通点があり、それが「対になる」といわれていることがわかります。その共通点は**〈特定（＝傍線部の「偏在性」と一致します）性と形態〉**だということも理解できます。

こうした内容に最も合致しているのは②です。②の「性質」は〈特定性〉という「性質」のことです。

①は「奇跡的な偶然とする先史学者の意見がある」という部分が問題文にも書かれていないし、傍線部と関係

ありません。③は「壁画」のことに直接触れてないし、身体の文様にも触れてません。④は「洞窟壁画」のことだけで、「対になる」身体の文様のことが説明されていません。⑤は、「ボディペインティング」が「どこにでも存在するような」「遍在性を獲得している」と説明している点が、傍線部直前の「特定の人間と結びついている」という記述や今までの説明と食い違います。

解答 ②

問六 **空欄補充問題**

空欄C の前の一文には、「特に貴重で、霊験をもつようなものになると『御開帳』（＝秘仏を一般の人々に公開し、拝ませること）を待たねばならない」と書かれています。この文と空欄を含む文とは接続語ナシでつながっていますね。**4講**の**p.53**の梅POINTのところでもいいましたが、**接続語ナシにつながっている文同士は、イイカエ・説明の関係になっていることが多い**ということは、傍線部のある問題や空欄補充問題のときに思い出してくださいね。この文章でも「『御開帳』を待たねばならない」と「『ほとんど見ることができない』」はイコールと考えていいでしょう。すると「貴重で、霊験をもつようなもの」と「C 性を付されているようなイメージ」が対応すると考えられます。なので**正解は⑤「聖（性）」**です。「聖」は「俗」の反対で、汚れなく尊いことで、「霊験」という宗教的なことや神仏に関連する言葉だからです。「神殿や寺院、教会」に置かれることともつながります。ほかの選択肢は入れる根拠がありませんが、ヒントをゲットするのがむずかしいし、「聖性」という聞き慣れない言葉が正解になるので、むずかしかったかもしれません。

ムズ **解答** ⑤

問七 **傍線部の理由説明問題**

「グローバル化時代のイメージ」（L29）の特徴の二つ目に関連する問題です。情報技術の進歩によって「グローバル化時代のイメージ」はどこにでも存在する「遍在性」をもちました。傍線部の「それ」という主語は、この「イメージの遍在性」を受けています。ですから、この「遍在性」がどのようなものかを確認すればよいのです。その「遍在性」は「技術」だけではなく、問題文末尾に書かれているように、そのイメージを「分配」し、「使う権力があってはじめて」「広い範囲に行き渡ってゆく」のです。

だから、〈なんで技術的な問題だけではないの？〉と問われたら、〈だって権力の問題もあるから〉と答えれば、傍線部の**理由**になります。なので正解は、ただ一つ「権力」に直接触れている⑤。

ほかの選択肢は「権力」に触れていないから×です。①の「情報通信」は、「権力」より「技術」の問題に関係するでしょう。②チョイマヨは、「分配や共有」には触れていますが、「分配や共有」が「権力」と結びつくことをはっきり示していない。そこがダメなところです。③はいつ「遍在性」を「獲得」したか、ということだけで、傍線部の〈理由〉になっていません。④チョイマヨも「政治・経済・文化にわたる」と、傍線部直前の言葉で説明しているだけです。「浸透が必要」なのではなく、「権力」が必要だと指摘しないといけません。理由説明問題でも、**最初から消去法でいくのではなく、まず自分で根拠や正解の要素となるものをつかみ、それが入っている選択肢を積極的に選んでいく**ということを忘れずに。

ムズ 解答 ⑤

7 評論

『〈ひと〉の現象学』

駒澤大学

別冊(問題) p.54

解答

設問	解答	配点
問一	イ	3点
問二	個人が「国民」として	5点
問三	エ	5点
問四	④	4点
問五	ウ	5点
問六	イ	5点
問七	中間共同体	5点
問八	ア	5点
問九	オ	3点

ムズ 問四、問五、問八

大ムズ 問九

合格点 28点

/40点

問題文ナビ

語句ごくごっくん

L4 **散文詩**…散文(=ふつうの文章)のように書かれた詩

L13 **あまた**…数が多いこと

L16 **秩序**…①ものごとの正しい順序、すじみち　②社会などの規則立った関係

L17 **同一性**…いつも同じである自分(=アイデンティティ)。複数のものが同じ性質をもつとされること

L22 **理念**…ものごとのあるべきさまについての根本的な考えかた

L26 **共同体**…血(血縁)や土地(地縁)のつながりによって結びついた集団

L30 **対峙**《たいじ》…向き合って立つこと

L42 **慣習**…ならわし・しきたり

L51 **放逐**《ほうちく》…追い払うこと

L56 **超〜**…①「〜」を〈とても〉と強調する場合　②「〜」を超える・「〜」と無関係になる、ことを意味する場合。問題文は後者の用法

L58 **措定**…あるものごとの内容を決めること

L62 **普遍的**…p.39 語句「普遍的」参照

L62 **規範**…お手本、きまり

L81 **しがらみ**…まとわりつくもの。邪魔《じゃま》するもの

読解のポイント

・〈世界〉の外へ行くことは〈わたし〉を失うこと

←

・〈世界〉は《「国家」―中間共同体―〈わたし〉＝個人》というしくみだった

←

・家や会社、そして地域という中間共同体の力が失われる〈理由・原因〉

←

・個人は巨大な国家や社会システムとじかに向き合う〈結果〉

ひとこと要約

現代の個人は、国家という巨大なシステムの中でばらばらにさまよっている。

問題文は、まず1で「ボードレール」の散文詩（第1段落に含めます）を引用し「この世の外」に触れ、逆に「この世の外」に行けない私たちが住む「社会」について説明します。この部分は〈ボードレールの詩〉＝**例**、というふうに考えて「世界の外？」で始まる第3段落を**まとめ**として独立させることもできます。

つぎに2と3では、「国家」という語が登場し、「社会」の中で、より大きな存在になっていく「国家」について説明します。そして4の前半部で、国家が大きくなっていく理由・原因に触れ、4の後半で、巨大なシステムの中を生きる私たちのありかたに触れています。細かく分けたほうが内容を整理しやすいので、1～4の段落番号は気にせず、問題文を五つの意味ブロックに分けてその内容を見ていきましょう。

I　ボードレールの詩（冒頭～L15）

ボードレールというフランスの詩人は人生を「病院」に、人間を病人に喩《たと》えました。その〈病人〉は現実の人生を否定し、「この世の外」へ行くのを待ち望んでいます。

Ⅱ 世界の外（L16〜L19）

たしかに私たちに、〈もう一つの世界〉があればいいですね。私たちの住む「世界」は「秩序」を重んじ、そこは「同一性」が支配する場所です。世界は〈いつも同じ〉＝「同一性」という性格をもつほうが安心で暮らしやすい。そして私たち一人ひとりも〈いつも同じ自分＝自己同一性→アイデンティティ〉であることを求められます。昨日は一生懸命働いていたのに、今日はメチャメチャさぼっている、というような人間は社会からはじき出されます。問題文のいう〈わたし〉とは、こういう社会に認められる「同一性」をもった自分です。

だから息がつまって、この「世界の外」に、〈もう一つの世界〉に行きたくなる。でもそれは社会で認められる〈わたし〉を捨てることです。だとすれば「ボードレール」の願いは実現せず、〈わたし〉は「世界の外についに出られない」。悲しいことに、これが「ボードレール」の言葉から出した筆者の結論＝**まとめ**です。

Ⅲ 強大な国家（L20〜L62）

では私たちの住む「世界」とはどんなところでしょう？私たちにはいろいろな「自由」が与えられています。その「個人の『自由』」は、国家によって社会の制度として位置づけられ、「自由」が侵されていないかチェックされる。

これは一見いいことのようにも見えます。でも見方を変えれば、こうあらねばならないという形で作られた（＝「理念化」された）「国家」という共同体に、「個人」が「じかに」結びつけられているということです。

普段は「国家」との接触を「個人」が意識することはあまりありません。私たちの日常では、「国家」よりも「家族、地域社会、企業」など、ほかの共同体が、「エートス（＝慣習）」として個人と集団を規制するのです。でも実はそうした「家族」などの共同体にも、「国家」という共同体が入りこんでいます。「家族」を作るときにも、婚姻届を国家と結びついている役所に出したりします。逆に「国家」にもほかの共同体の性格である「慣習」が入りこんで、役人や政治家が「〇〇族」なんていう「ムラ社会」（L43）を作ります。

このように「国家」的なものと「私的なもの」、また、たとえば〈移住促進〉という公共的な施策を進める町に

7

対して、外国人を受け入れるという「国家的制度」（L46）と、外国人はダメだという「地域社会の慣習」が互いにせめぎ合ったりしてきたのですが、最後には「国家」の「法」が出てきて、「法」に従わないものを罰します。つまり「国家」こそ「最強の」「共同体」なのです。私たちの「自由」は、この「国家」に認められなければ許可してもらえない「自由」なんです。そして構成員の問題でいえば、「国家」は誰でも入ったり出たりできる「『出入り自由』な社会」なのではなく、外国人とかが入ることを規制する、「構成員」を限定した「共同体」です。

もちろん現代では「国家の枠をはみ出て」いく企業や活動が見られます。「国家」を超えた＝「超国家的な」「国連」もあります。「国家」を超えた「人類」こそが「『最上級の共同体』」だといういいかたはできるでしょう。でもそれは、「理念」や「普遍的規範」を掲げているにすぎず、現実には「人類」のために、などといいながら、「国家（民族）」が活動の単位であることは揺らがないのです。

Ⅳ　国家が強大になった理由・原因（L63〜L73）

この部分は、つぎのようにまとめることができます。

できるだけ政府の役割を小さくする「小さな政府」（L63）をめざしたはずの「国家」は、「個人を規制するものとして」、「その存在がより大きくなっている」〈結果〉

→

「国家と個人のあいだにある中間共同体」＝「家」、「会社」、「地域社会」の力が「殺《そ》がれてゆく」〈理由〉

つまり、「中間」がなくなったからもともと強い「国家」がいっそう強くなり、「中間」がなくなったから「個人」が「国家」とじかに向き合うのです。生活共同体の中の「もめ事」も「国家機関としての司直（＝裁判官）」に任されることが多くなり、そのときも個人が国家と交渉するのです。すべては中間共同体の衰退が原因です。

Ⅴ　現代人の生活感覚（L74〜ラスト）

その中で、とくに仕事場と住むところが離れたことや、近くの小売店でものを買わないなど、「物流」が地域を離れてしまったことは、「地域社会の弱体化」という点で深刻だと筆者は考えています。つまり、「地域社会」という「中間共同体の消失」は、「『国家』と企業ネットワーク」という巨大なシステムが個人の生活をむしばんでいくことと一体（＝「相即」）です。個人は「むきだし」、つまり、無防備なまま、互いにつながることもなくばらばらに、この社会の中を「漂流」しているというのが、「リアル」な今の感覚なのだと筆者は考えています。

テーマ　共同体

近代という時代は、フランス革命がかかげたように、〈自由〉を一つの理想として追い求めました。そして地縁や血縁で結ばれた**共同体**は個人の〈自由〉をはばむもの、と考えられました。〈お金〉をめぐる物と人との流通が盛んになる資本主義の到来も、個人を生まれ故郷から離れさせるきっかけになりました。こうして人々は家の仕事を継がず、故郷を離れるという〈自由〉を手に入れました。ですが、人間は何かと結ばれていないと不安を感じる生き物でもあります。古い**共同体**を捨ててみて、自分が何ともつながっていないことを感じた個人は、今度は「国家」や民族という概念によって**共同体**を作ろうとします。その傾向は現代の世界でも明らかです。そしてそうした**共同体**には、他を排除する性質がつきまといます。**共同体**の問題は、古くて新しい、そして厄介《やっかい》な問題なのです。

設問ナビ

問一　空欄補充問題

空欄**a**を含む一文の主語は「家族」です。そして空欄のあとにあるように「家族」は「個人管理の最小単位（国家の細胞）」であり、「国家…に抵抗する最終的な拠点」です。つまり「家族」は国家の中の一番小さな「単位」なのです。よってこの内容と最も対応する**イ「末端（＝一番はしっこ）」が正解**。ほかの選択肢には、「最小単位」につながる意味がありません。

解答　イ

問二　傍線部の内容説明問題&抜き出し問題

ちょっと変わった問題です。傍線部**A**の「国家的なるものと私的なものとのせめぎあい」を説明した文章の中の空欄に入る語句を、問題文から抜き出すのです。ヒントは、空欄**X**のあとにある「その二つの共同体」という指示語を含む言葉です。抜き出し問題ですが、空欄に入る語句は「二つの共同体」を意味する内容でなければ、[X]を含む文章が成り立ちません。その「二つ」は傍線部の「国家的なるもの」と「私的なもの」とを受けていると考えられます。傍線部の「せめぎあい」が[X]のあとで説明されているからです。

すると[X]には、**〈国家的な共同体と個人が関係する共同体〉**という内容が入ると考えられます。L53を見ると、「国家的なるもの」は「共同体」といえるでしょうが、「私」や個人＝「共同体」とはならないので、「私的なもの」で「共同体」といえるものを問題文中に探しましょう。もちろんそのとき「国家」と関連する「共同体」も、ペアで出てくるところでないと答えにはなりません。

「共同体」のペア、という意識をもって[2]の部分を見ると、L31に**「個人が『国民』として帰属する『国家』という理念的な共同体と、家族、地域社会、企業など個人が『市民』として帰属するもろもろの共同体」**という部分が見つかります。前半が「国家」で、後半が「個人」が「属」する「私的な」共同体といえますから、先の条件に合います。[X]に入れたときには、「国家」が「前者」となり「後者」に「介入」することになります。「介入」するのはふつう、力のある側なので、「前者」＝「国家」は問題ないでしょう。それに、「そこ（＝国家機関）」には集団の慣習的な規律（＝掟《おきて》）が浸透してゆく」（L42）とあり、やはり「前者（「国家」）」に後者（＝「集団」）の規律が浸透する」という[X]を含む文章の記述と合致します。なので、「後者」＝「私的なもの（「集団」）」ということでOKです。

解答 **個人が「国民」として**

問三 **空欄補充問題**

空欄[b]は、国家の法に従わない人は、ふつうだったら「国家」から〈国民が受けられるもの〉を「受けること」ができない、という文脈にあります。また[b]を含む一文とその直後の一文とのあいだには接続語がありません。**接続語ナシにつながっている文同士はイイカエ関係になっていることが多い**のでしたね。そうした観点で、[b]のあとの文を見てみると、「法」を侵すものには「強制収容」か「退去」という厳しい処置が待っていると書かれています。とくに「退去」は、〈追い払う＝もう面倒を見ない〉ということですから、〈国民が受けられるもの〉＝〈国家が面倒を見る〉という意味に近い語を[b]に入れれば、文脈はスムーズなものになります。その意味で**正解はエ「保護」**が適切です。ふつうに「法」を侵さなければ「国家」は国民を「保護」するのですが、「法」を侵せばもう「国家」は「保護」し、〈面倒を見る〉ことをしてくれない＝「退去させる」、ということです。

ア「指弾」は〈非難すること〉。**オ**「啓発」は〈知識を与え、理解を深めるよう導くこと〉です。　**解答**　**エ**

問四　**脱落文補充問題**

p.10の「現代文のお約束」に書いてあるように、**まず設問をチラ見する**のでしたね。とくにこういう脱落文補充といわれる問題は、知らないで問題文を読んだあとで気づくと「ヒエェー!?　もう一度読まないと！」ということになってしまいますから、大変。こうした設問があるかどうか、しっかりチェックしましょう。そのうえでこうした問題については以下の解きかたを守ってください。

〈脱落文補充問題の解きかた〉

（1）　脱落文冒頭の指示語、接続語がうまく働くところを考える。

（2）　脱落文と問題文とに、共通語句、類似表現があれば、話題が同じだと考えて近くに入れる。

（3）　もともと、逆接・並列の接続語、指示語や話題のつながりなどで強い結びつきをもつ文同士のあいだには入れない。

（4）　迷ったら入れてみて、あとの文脈とのつながりをチェックする。

脱落文補充問題は、脱落文を入れて、スムーズなつながり（＝文脈）を作りあげる問題です。文脈を作るものとして、まず接続語と指示語があります。だからこれらがまず大切なんです。**第一のヒントは〈脱落文冒頭の指示語、接続語〉**でしたね。この設問の脱落文の冒頭には「もちろん」という接続語があります。「もちろん」は〈いうまでもなく〉という意味で使われることもありますが、逆接の接続語を後ろに伴って、**〈もちろん（たしかに、なるほど）＋他者の意見を消極的に肯定＋逆接＋自分の考えかたを主張〉、という〈譲歩〉の構文**も作ります。その両方の可能性をまず頭に入れておきましょう。

そして脱落文の内容を確認します。〈現代社会では、国家よりも大きな共同体が模索（＝探すこと、試みること）されている〉という意味です。脱落文の内容を考えると、この脱落文のあとに「国家」よりも「大きな共同体」が示される、という文脈を作るのが自然です。

問題文で「国家」よりも「大きな共同体」としてあげられているのは、「最上級の共同体」（*L*58）といわれている「人類社会」です。それが出てくるのは④〜⑥のある*L*55以降の段落。①〜③の前には「国家」よりも「大きな共同体」の話はないので、ここで①〜③の可能性は消えます。

では④〜⑥のどこがよいでしょう？　最初に書いたことをもう一度思い出してください。**もともと、逆接・並列の接続語、指示語や話題のつながりなどで強い結びつきをもつ文同士のあいだには入れない**、のでしたね。⑤チョイマヨは「それらの活動」という指示語が⑤の前の多国籍企業などの「活動」を受けているので、もともと強いつながりがあります。だから⑤に入れるのは適切ではない。一番迷うのは⑥チョイマヨですね。脱落文の「もちろん」が⑥のあとの「とはいえ」という逆接的な接続語と対応して、いい感じです。でも⑥の前の④〜⑤の間に、すでに「国家」よりも「大きな共同体」の話が「国連」（*L*56）などを例として出ています。なのに⑥で初めて〈現代では、国家よりも大きな共同体が模索されている〉というのは、文脈としておかしいでしょ。〈大きなものがある。これこれだ。もちろん大きなものがある〉という文の流れになるのですから。

なので、④に入れて、「国連」などが「国家」よりも「大きな共同体」であると例を示し、「とはいえ」（*L*58）で切り返して、〈やはり「国家」がメインだ〉という譲歩構文を作ってあげるのがベストです。

ムズ　解答　④

問五　空欄補充問題

「国家もしくは民族グループ」が「普遍的規範」といわれる「人類社会」という言葉をかかげている状態を、「国家もしくは民族グループ」が「C を競っている」と説明しています。ホントは「国家」や「民族」という範囲のかぎられた集団なのに、そうした限定のない「普遍的規範」である「人類」や「人権」をめざすのだ、と自分たちをアピールしているのです。それはたんなる地域の存在にすぎないのに、〈世界のために戦い、争っているのはオレたちだっ！〉っていっているのと同じです。つまり〈自分たちこそ偉いのだ〉といっているのです。そうした意味を表せる語はどれか？　**ウ「正統性（＝正しい血筋、系統であること）」**を入れてあげれば、〈みんな、オレこそが正しいと競い合っている〉という意味になり、「普遍的規範」をかかげるようすとも一致します。「正統」は反対語の「異端」と一緒に**3講問四**にも出てきました。思い出して答えられたらナイスです。そういう積み重ねが大事ですよ。**エ** チョイマヨ「先端性」は、〈先を行っていること〉ですが、空欄 c の文脈は「それぞれの視角から……掲げ…… c を競っている」となっています。つまり別々の角度・視点から競っているのです。でも「先端」を競うなら、スピードレースだから同じ所を走って競うでしょう。だから〈一番進んでいる〉というのとは食い違います。**オ** チョイマヨ「主体性」も〈自分の意志をもって行動すること〉という意味で、自分たちの〈正しさ〉をアピールすることを直接表す語ではありません。**ア・イ**は文脈に合いません。根拠が取れなかったかもしれないので、少しむずかしい設問です。消去法で解いても仕方ないです。

ムズ **解答 ウ**

問六 空欄補充問題

空欄 d の前で「個人」が「強くなった」といっているのですが、空欄のあとでは「個人」が「上級」の共同体である「国家」にふれ、「国家」の掟《おきて》に依存するようになった、と書かれています。〈強くなった。なのに、頼る〉というのは、〈逆〉ですね。この〈逆〉のニュアンスを表せる語句を入れればよいのですが、それは**イ「皮肉にも」**です。「皮肉」は

①肯定と否定を逆にする
②表向きの表現とは逆のことを含ませるいいかた
③期待と結果が異なること
④あてこすり

などの意味ですが、①〜③に〈逆〉の意味合いがあります。**ウ**「性急」は〈せっかち〉、**エ**「かりそめ」は〈そのときかぎりのこと、はかないこと〉、**オ**「まがりなりにも」は〈どうにかこうにか〉という意味で、**ア**を含めどれも〈逆〉の意味や内容がなく文脈に合いません。

問七 **傍線部の内容説明問題&抜き出し問題**

問二と同じパターンの設問です。空欄**Y**を含む文章には因果関係があります。「**Y**の弱体化」（原因）↓「個人が『国家』の掟に依存する」（結果）、という関係です。「個人が『国家』の掟に依存する」というのは、「個人」が「国家」に頼る、ということです。頼られるのは強いものだからです。つまり「国家」が強いから、「国家」に頼るのです。ということは「国家」が強くなった原因が「**Y**の弱体化」ということです。なので何が「弱」くなったのかがわかれば解答にたどりつけます。

するとL**64**に「その存在（=「国家」）がより大きくなっている。それは、国家と個人のあいだにある中間共同体というものが力を殺がれてゆくプロセスと表裏一体」だと書かれています。つまり〈中間共同体が力を殺がれる〉↓〈国家が大きくなっていく〉ということです。「力を殺がれ」ることは「弱体化」です。すると**「中間共同体」がちょうど「五字」で正解**。ただしこの設問は**3**から選べ、という条件が付いているので、L**52**の「中間共同体」を抜き出すことになります。L**74**に「地域社会の弱体化」とあるので、「地域社会」チョイマヨを答えにした人がいるかもしれませんが、それは〈「五字」ぴったんこ、**3**の部分から〉という条件を無視してしまいましたね。**抜き出し問題は設問文の条件がヒントであり、絶対に守らなければならない**ことです。

解答 **中間共同体**

問八 **内容合致（趣旨判定）問題**

ア……L**24**に「自由な社会」では「契約関係を社会的に制度化する」とあり、これをL**26**では「別の面からいえば」、「『国家』」に「『個人』がじかに連結される」ということだとイイカエています。また「通常は」個人が「『国家』と対峙するという場面はむしろ少ない」（L**30**）。でも、ということは、「対峙することがある」ということでもある。こうした内容と**ア**は一致するので、**アが正解**。

イ……「制度化されておらず」がL**24**と×。**ワースト1**。

ウ……「通常は」、個人が「『国家』と対峙するという場面はむしろ少ない」=「対峙することがある」ということでしたから、「対峙することはない」はおかしいです。

解答 **イ**

エ……**イ**・**ウ**それぞれのダメな理由がプラスされていてダブル×。

オ チョイマヨ……現代は「対峙すること」が多くなっているのですが、「本来……少なくない」は〈本来……結構多い〉ということになり、「通常は……むしろ少ない」（L28）と×。

カ……**イ**と同じ理由で×。

ムズ 解答 **ア**

問九 **文学史問題**

文学史については、入試の直前にまとめて学習するのがよいでしょう。まだ文学史の勉強をしていない人はできなくても仕方ないです。ただ、一度出てきたことは覚えておきましょう。「象徴詩」は〈自分の内にある思想・情調など、つかみがたいものを、音楽的なリズムや韻・暗示的な表現によって表そうとする詩〉のこと。**正解はオ**『**海潮音**《かいちょうおん》』で**上田敏**《うえだびん》が西欧などの詩を訳した詩集。**ア**『智恵子抄《ちえこしょう》』は高村光太郎《たかむらこうたろう》の詩集。**イ**『新体詩抄』は一八八二年（明治15年）、外山正一《とやましょういち》らによって作られたもの。**ウ**『春と修羅』は宮沢賢治《みやざわけんじ》、**エ**『山羊《やぎ》の歌』は中原中也《なかはらちゅうや》の詩集。

駒澤大学では文学史の学習も必要です。

大ムズ 解答 **オ**

7

8

評論

『いまを生きるための思想キーワード』

近畿大学（改）

別冊（問題） p.64

解答

問	解答	配点
問一	ⓐ 4　ⓑ 3　ⓒ 2　ⓓ 3　ⓔ 2	1点×5
問二	1	4点
問三	4	5点
問四	3	5点
問五	1	5点
問六	1	5点
問七	1	5点
問八	1	6点

ムズ 問一ⓒ、問四、問七

合格点 28点

／40点

問題文ナビ

語句ごくごっくん

L10 サイバー…コンピュータの。インターネットの

L11 規範…p.76 語句「規範」参照

L12 慣習…p.75 語句「慣習」参照

L23 匿名…本名を隠すこと

L44 主体性…意志と責任の自覚をもって考え、行動する態度

L45 括弧《かっこ》に入れる…保留する。今は問題としない

L56 主体…p.38 語句「主体」参照

L56 虚構…作りもの。フィクション

L57 功利主義…行為や制度の正しさは、その結果として生じる効用（有用性など）によって決定されるとする立場。哲学で、人間が幸福になることを、人生や社会の最大目的とする考えかた

L59 還元…p.48 語句「還元」参照

L59 ラディカル…過激な。根本的な

L77 合理的…理屈や理性にかなっているさま

L87 邪念…よくない思い。よこしまな、不純な考え

L91 ヴァーチャル・リアリティ…コンピュータによって創り出された仮想的な空間などを現実であるかのように体験できるしくみ

読解のポイント

○アーキテクチャ
＝法などに代わる規制のしくみ
＝予め人間の行動の範囲を物理的、技術的に制約するしくみ
↓
・アーキテクチャが社会を覆えば、人は規制されていることも意識せず、不快感も感じなくなる
↓
・だがそこでは「自由意志」をもった「主体」としての「自由」は限定されるだろう

ひとこと要約

アーキテクチャは人間の自由を奪うものでもある。

テーマ　テクノロジー

発達したテクノロジー（＝科学技術）は、個人個人の内面に関わる難問を投げかけるようになりました。たとえば出生前診断という技術。かつての親は、生まれてくる子がどんな身体なのか、生まれてくるまでわからなかった。でも今はこの技術によって生まれる前に自分の子がどんな身体をもっているかがわかる。もしその診断をして、お腹の中の子どもに重大な病気になる可能性があると知らされたら、アナタはどうしますか？自分の人生を賭《か》けた判断が求められるのです。

一方アーキテクチャのように一見人間に幸福をもたらすテクノロジーもある。だがそれは人間の「自由」を削りとっていくかもしれない。そこではもはや判断さえしなくていい。このように人間は、テクノロジーによって、大きな判断を迫られたり、一方で判断をしなくてよいまま、どこかへ連れていかれたりする。生成AIも登場しました。人間はテクノロジーとどう付き合っていくのがいいのでしょうか？　むずかしい問題ですが、一人ひとりがどこかで具体的に、そうした難問に出会う時代を私たちは生きているのです。

問題文は、L32まではアーキテクチャの性質について説明しています。そしてL33で「では……アーキテクチャによる規制の割合が高まっていることは、私たちの生き方にどのように影響を与えるだろうか」という問題提起

がなされ、アーキテクチャの影響について最後まで語っていきます。この**問題提起とそれに対する筆者の見解をきちんと結びつけて理解することが大事**です。では問題文を二つに分けて見ていきましょう。

Ⅰ　アーキテクチャとは？（冒頭～L32）

アーキテクチャは人類の「文明」（L9）と同じくらい古くからあるはずだと筆者は述べています。アーキテクチャの定義は「人間の行動の範囲を物理的に制約する（＝もののしかけによって行動を制限する）ように設計されている、環境的な『構造（＝しくみ）』」のことです。たとえば家の門やドアは侵入者を防ぐ役割をするアーキテクチャです。そう考えると、現代には多くのアーキテクチャがあるといえるでしょう。

ただ現代においてアーキテクチャの「有用性」（L1）や「危険」（L2）性が注目されるようになったのは、テクノロジーの発達に関係があります。レッシグというサイバー法学者は、「社会的規制の手段」（L11）を「①法、②市場、③社会規範、④アーキテクチャ」の四つに分類しています。③の「社会規範」は道徳やルールなどのことで、直接的な強制力はないですが、違反した人の社会的な評価を落とすことで、それなりの力を発揮します。また②「市場」は取引に参加するための条件という形で、市場に関するルールがその人の行為を規制します。そして一番人を規制する力をもつものが①「法」です。でも社会が複雑になり、インターネットの世界などで生じるさまざまな人間の振る舞いなどは、現在の法ではなかなか追いつくことができない。たとえばネット上で誰かが勝手に映画を流すという著作権を侵害する犯罪が起こったとします。そうしたとき今の法では、犯人を特定し有罪にするまでに多くの時間と手続きが必要です。一方、そもそも映画の著作権の侵害自体が不可能であるような技術的なしくみを、ＤＶＤや録画機器に組み込んでおけばいいというのがアーキテクチャのやりかたです。

Ⅱ　アーキテクチャの孕《はら》む問題（L33～ラスト）

筆者は、〈アーキテクチャによる規制の割合が高まることで私たちの生きかたにどのような影響が与えられるか〉という問題を考えていこうとします（L33）。Ⅰの部分でもアーキテクチャと法が**対比**されていましたが、この部分でもその**対比**が行われます。法は、人々に守るべきルールを明確に示しそれに違反した人を取り締まる、というのが特徴です。それは〈こういうことはしてはいけないぞ〉というように、「言語」を通して人々の意識に働きかけ、それでも違反をするものを違反をしたあと（＝「事後的」（L36））に制裁を加え、みんなにルールを守るよう働きかけるわけです。これに対してアーキテクチャはきまりを守らない行為が初めから物理的にできないようにします。それは、犯罪を「事前」（L38）に起こさないようにするしくみです。それもアルコール検知機器のように、物理的に人間の身体に直接働きかける。

人間の意識に働きかけることなく人間の身体の動きを管理するというアーキテクチャのしくみは、人間の意志や判断を無視しているという点で「非人間的であるように思え」（傍線部②）ます。でも見方を変えれば、人間はアーキテクチャのおかげでいちいち何も考える必要がなくなるわけです。法は、人間には自分の行動を自分の意志で決める「主体性」があることを前提に、自分の行動に「責任」（L45）をもつことを求めます。ですがアーキテクチャは私たちの意識に関係のないところで私たちを規制するわけですから、主体性も責任も私たちとは関係なくなってしまいます。それは、私たちが「『責任』の重荷」（L46）から自由になるということでもあります。それは、人々が刑罰の苦痛を与えられることもなくなおかつ社会には事件が少なくなり、社会秩序が安定するという「アーキテクチャの理想が実現すること」（L55）だともいえるでしょう。

ところで**3講**の「テーマ」のところで「個人主義」について書きましたが、個人とは自分を理性でコントロールできる人間であり、自分の自由な意志によって判断し行動する「主体」でもありました。つまり近代の人間にとって、自分は「自由意志」をもった「主体」（L56）であると考えられてきたのです。でも右でいったように、アーキテクチャが世界を覆ってしまえばアーキテクチャが作った規制に従って生きていくだけですから、「自由や権利」（L58）など考える必要もなくなる。もちろん「自由や権利」ということや、あるいは〈人は自分の自由意志によって行動する主体〉だ、という考えは、近代的な価値観であり、そうした「自由意志」によって起こした事件は、その「主体」が「責任」を取らなければならないというのが近代的な法の基本です。ですが、これは、誰かに「責任」を取らせるための法の「虚構（＝作りもの）」だともいえます。だから、「脱近代化した社会」（L56）には、アーキテクチャこそがふさわしく、「自由や権利」などという問題のかわりに、「幸福や安全」という問題を考えればいいのだという立場の人々もいます。人間の幸福を第一とする「功利主義者」などはそうした人たちの一人かもしれません。そしてそれは人に痛みを与えない「統治」を可能にし、「アーキテクチャに覆われた世界」が、本当の自然の、つぎに誕生した「第二の自然」として、人々に当たり前のものとして受け入れられていきます。

　でもアーキテクチャ全盛の時代では、「自由意志」、「主体」という近代的な考えが「不要」になるだけではなく、私たちの「判断能力」が「変化する」（傍線部④）ことが考えられると筆者はいいます。私たちは毎日、小さな善悪について判断しています。でも「高度のアーキテクチャに覆われた世界」では、社会にとって望ましくない欲望を引き起こすようなものは予め《あらかじめ》取り除かれている。すると社会的に望ましくない欲求自体をもつきっかけがない。初めから欲求や欲望がないとしたら、私たちは、〈あー　これが禁止されている〉とか、〈私のしたいことが制限されている＝「自由」の「制限」（L72）〉という意識自体を抱かなくなるでしょう。こうしてアーキテクチャは「規制されているという不快感を全く与えないまま」、人間を規制できてしまうのです。そうなると、個人個人は自分で何がよくて何が悪いのか、という判断もしなくていいという、ある意味「快適」な生を生き続けることになります。でもそれが「判断能力」の喪失です。

　そこまで行ってしまったら、もう法も規制の中身も全部アーキテクチャに決めてもらったら、ってことになります。アーキテクチャが「規範（＝きまり）」自体を作って、それに違反しないような「プログラム」（L76）を作るわけです。

　そしたらいっそ、「私」には何が「最善の選択」かも選んでもらえばいい。心身の快適な状態もアーキテクチャが作ってくれるし、何か事件が起きても、「私」がそれを認識しないですむように「意識をコントロール」してくれる。〈この快適さは自分で作りだしたものじゃない〉などという「邪念」（L87）も消したいなら、「アーキテクチャの存在自体も隠してしまえば」いい。

そうした「アーキテクチャ」がほぼ完全に支配する世界を描いたのが、「映画『マトリックス』」でした。「ヴァーチャル・リアリティ（＝仮想現実）」の中に「人間の意識」を完全に閉じ込める「主体性ゼロの世界」に、私たちの多くはまだ気持ち悪さを感じるでしょう。でもアーキテクチャが生活に浸透していけば、そんな気持ち悪さも徐々に薄れていくかもしれない。アーキテクチャがあるのが「自然」になった「技術的環境」（L96）では、多くの制約を私たちの意識にしかけており、その制約の中でのみ「自由」であるという状態になっているのではないのかと思ってしまう、と筆者はいいます。筆者の論に従えば、未来へ進む私たちは、そんなことを意識することもなく快適に過ごしていることになります。

設問ナビ

問一 漢字問題（マーク式）

ⓐは「拘束」で**正解は4「拘置（所）」**。**1**＝「効力」、**2**＝「勾配」、**3**＝「交錯」。

ⓑは「措置」で**正解は3「処置」**。**1**＝「一致」、**2**＝「英知（叡智）」、**4**＝「遅延」。

ⓒは「呼気」で**正解は2「連呼」**。**1**＝「故事」、**3**＝「古典」、**4**＝「孤立」。

ⓓは「操縦」で**正解は3「縦横」**。**1**＝「苦汁」（「苦渋」は「…をなめる」という形では使わない）、**2**＝「柔軟」、**4**＝「主従」。

ⓔは「浸透」で**正解は2「浸水」**。**1**＝「深謝」、**3**＝「伸縮」、**4**＝「書信（＝手紙）」。

解答 ⓐ4　ⓑ3　ムズ ⓒ2　ⓓ3　ⓔ2

問二 空欄補充問題

空欄を含む部分は、「社会が複雑化し、人々の振る舞いやライフスタイル、価値観が[6]化していく」となっています。ここから「複雑化」と「[6]化」が対応していることがわかります。なので空欄[6]には、「複雑化」と同じような意味をもつ語が入ればよい。それは**1「多元」**です。「多元」は〈多くの要素があること〉ですから、「複雑」と意味が一番似ています。これはまぎらわしい選択肢もないので、間違えないでくださいよ。

解答 1

8

問三　傍線部に対する内容説明問題

傍線部自体の意味を問うているのではなく、「従来」の「法」の「機能（＝働き）」を問うています。それも「あてはまらない」ものを選ぶんです。

まず「法」の「機能」について書かれている部分を探しましょう。初めは傍線部①の前、**「違反した人を警察などの力を動員して取り締まる」（a）**。次に、L34に「近代法の特徴」とあり、そのあとに**「守るべきルールをできるだけ曖昧《あいまい》さが残らないようはっきり定め」る（b）**、**「それを人びとに周知させ」る（c）**、**「違反した人を取りしまる」（d）**、**「言語を通して各人の意識に働きかけて規範への順応を促」す（e）**、**「違反者に事後的に制裁を加えることで、違反者が増加しないよう各人の意識に改めて働きかける」（f）**。また傍線部③や傍線部④を含む段落には、**「個人に権利主体としての面倒な責任を押し付ける『法』の『支配』」**（L59）、「機能」とはいえませんが**「法的虚構としての『自由意志の主体』」**（L63）**（g）**、などもあります。

これらをふまえて選択肢を見てみると、1は**a～c**に合致します。1の「明文化」は〈文字にすること〉です。**b**の「はっきり定める」というのも、法ですから文書にすることでしょう。

2は**f**とピッタシ。3は**f・g**と対応するといってよいでしょう。問題文には「行動の自由選択」という表現は出てきませんが、**g**にあるように、「虚構」だとしても、「法」は人間を「自由意志」をもつ「権利主体」と考えます。「行動の選択」（L79）をアーキテクチャにまかせていたら、「主体性ゼロ」になるのですから、「選択」は「主体性」に関わります。また「自らの行動を決定する『主体性』」（L44）という語句もあり、「主体性」は、「行動」の「決定」とも結びついています。すると「法」は、「自由意志」をもつ「権利主体」としての人間が「主体的な「選択」や「行動」を行った場合、それに対して「責任」をもたせる「機能」をもつといえます。だから3も問題ないと考えるべきです。すぐ「問題文にナシ→**ワースト2！**」と決めずに、論理的客観的に考えてくださいね。

これらに対して、4の「技術的な規制」はアーキテクチャのほうですね。**対比が混乱**しています。**4が正解。**

梅POINT　AとBが対比されている文章では、Aを説明するのに、Bの内容が含まれている選択肢に注意せよ。

解答　4

問四　**傍線部の理由説明問題**

5講のp.65でもいったことですが、**理由は主語の性質の中にある。**この傍線部の主語は、直前の「アーキテクチャ」です。そのアーキテクチャの性質は、まず傍線部のすぐ前に**「人間の意識とは関係なく、身体の動きをコントロールする」(a)**と書かれています。これをわかりやすくいい直せば〈人間に直接何も知らせず、その人間の身体を勝手に制御＝「コントロール」してしまう〉ということです。これは勝手に人の身体を制御するのだから、暴力的で「非人間的」だといえます。**傍線部の述語ともつながる内容なので、傍線部の直前の内容は、傍線部の理由になります。**

また傍線部のあとには、法が認める、自らの行動を決定する「主体性」の問題を、アーキテクチャは「括弧《かっこ》に入れる（＝問題にしない）」、と書かれています。つまり**アーキテクチャは、自分の意志で決めるという人間の主体的なありかたを軽視している（b）**から「非人間的」だということにもなるのです。これも傍線部の述語とつながるので、傍線部の**理由**になります。

本来ならば、このaとbの両方を含む選択肢が正解になる。だけど、よく私大の問題では、正解の二つの要素のうち一つしか入ってないけど、これが一番マシだから選ぶ、という受験生泣かせの問題がつくられます。

1 チョイマヨ はaと合致しているように見えます。でも「人間の意識と関係なく」ということと、「無意識の世界に入り込む」という心理操作めいたこととは違うことですね。前者は「関係」ないのに対し、後者は「入り込む」というう「関係」があるのですから。アーキテクチャは人間の身体に「物理的」に働きかけますが、「心理」に直接働きかけるということは問題文に書かれていません。結果的に人間がアーキテクチャの規制に従うことはあるでしょうが、それを目的に「無意識の世界に入り込む」とは書かれていません。

2は「消費行動」に限定していて傍線部とうまくつな

がりません。また**4**はアーキテクチャではなく法の働きです。先の**問三**のところでも触れましたが、アーキテクチャと法を**対比**しているこの文章で、アーキテクチャのことを問うこの設問の選択肢に、**4**のように法の内容が含まれていたら、それは**対比の混乱**として×にできるようになってください。**3**の「契機」とは〈①きっかけ。②大事な要素〉という意味です。つまり近代という時代以降において**〈人間が自分の意志をもって判断し行動するという主体であることが人間として大事なことであるとするならば、そうした存在になる〈きっかけ〉を奪うものだから〉**、アーキテクチャは「非人間的」だということになります。ですから**3**はきちんと傍線部とつながっている。というわけで、**b**にしか対応していませんが、**3を正**解にすべきです。

ムズ　解答　**3**

問五　**傍線部の内容説明問題**

梅 POINT　傍線部内容説明問題では、傍線部と同様の内容・表現があるところとをつなぐべし。

この傍線部は、傍線部直前にあるように「アーキテクチャ」による「痛みなき統治」のことです。この「痛みなき」という表現と類似した表現「各人に苦痛を与えることなく」が*L* **54**にあります。そしてそこには「社会秩序を維持できるアーキテクチャ」とあるので、傍線部同様「アーキテクチャ」の説明をしているところです。

するとこの箇所にも注目すべきだということになります。アーキテクチャによる統治が「各人に苦痛を与える」ことがないことについて、「生まれた時からアーキテクチャに取り囲まれて生きている人たちは、その状態を……〝自然〟に感じるようになるだろう。そうなると、各人に苦痛を与えることなく」（*L* **53**）と説明されています。〝自然〟に感じられるものに「痛み」をおぼえることはないでしょう。だから人々は抵抗なく、政治や権力によって「統治」されるということです。こうした内容に最も対応している**1が正解**です。**1**の「所与」は、〈与えられたもの〉という意味であり、この場合は生まれたときから〈与えられている〉アーキテクチャを指しています。また「遍在」は〈どこにでもある〉という意味で、「アーキテクチャに取り囲まれて」いるようすを説明しています。語い力が必要な設問でしたね。また先にもいったように、「自然なものに感じる」という表現は、傍線部の「痛みなき」という表現と対応しています。**5講のp.64**梅POINTでも言いましたが、**傍線部内容説明問題では傍線部の内容はもちろん、表現とも対応した選択肢を選ぶ**のでしたね。

2はアーキテクチャを説明しなければいけないのに、また「法」を説明している選択肢なので×ですね。

3は「罰則」が「権利や責任といった抽象的な次元で」「作用する」という内容が問題文に書かれていません。

4は「法的規制からアーキテクチャによる操作へとスムーズに移行すること」が「誰の損失」にもならないことだと説明していますが、「損失」があるかないか、ということは直接問題文では示されていません。またこの説明だと「損失」がないことが「痛みなき」を説明していることになります。でも傍線部の「痛み」は損得の問題ではありません。

解答 **1**

問六 **傍線部の内容説明問題**

やはり**傍線部内容説明問題ですから、傍線部の表現・内容と同じような部分をつなぎましょう**。

傍線部の「判断能力」という言葉が、傍線部のある段落の次の段落（L68）にも登場します。その部分をまとめると、

a	アーキテクチャに覆われた世界では、望ましくない行動などに関する選択肢が予め排除されている
	←
b	望ましくない欲求自体が形成されなくなる
	←
c	自由が禁止されている、制限されているという意識自体が生じない
	←
d	「私」は善／悪、正／不正の判断能力を失う

となります。こうしたプロセスや内容に対応している選択肢は**1**です。「環境面から操作され」るというのは、「環境的な『構造』」（L4）、「技術的環境」（L96）などの語句が示しているとおり、アーキテクチャによる「操作」です。よって**1が正解**。

2は「快／不快を判断」という内容が問題文に書かれ

ていません。また「判断する権利すら奪われる」という内容もおかしい。「権利」や「自由」という近代的なことがらは、「奪われる」のではなく、L58～傍線部③に書かれているように、「幸福や安全」に「還元（＝異なるものを同じものとしてあつかうこと）」され、「幸福」などと同じこととして、自然に消滅していくのです。**3**は「違反しているかどうかを自身で判断する能力を失う」とありますが、ここでいう「判断能力」は善／悪、正／不正に関する判断の能力であり、たんに「法や社会規範」に「違反しているか」を判断する能力ではありません。それゆえこの後半部と前半部とを因果関係で結びつけるのも問題文と一致しません。**4**は「判断の精度が向上する」がまったく×。傍線部は、あとへの文脈をたどればわかるように、「判断能力を失う」ことを「変化」といっているのであり、「向上」は真逆です。

解答 **1**

問七　傍線部の内容説明問題

主体性とは自分の意志によって行動や判断をする性質。だから「主体性ゼロ」とは、そうした自分の意志による行動や選択がまったくない状態です。それを「気持ち悪い」（L93）と感じるのは、私たちがまだ近代的な「主体性」という価値観を信じているからでしょう。

でもアーキテクチャがこの世界を覆ってしまえば、私たちは自らの意志によって何かを欲したり自由を求めたりというようなことがなくなります。そうした世界のことを「主体性ゼロ」と呼んでいるのだと考えれば**正解は1**となるでしょう。**1**の「欲求」は、〈これがほしい〉という意志にも関わるし、問題文には**「欲求自体が形成されなくなる」**（L71）**こと→判断能力を失う**（L74）**→一切不快感を覚えない**（L86）**→それが「マトリックス」の世界**（L89）**→主体性ゼロ（傍線部⑤）**というつながりがあるので、「欲求」を「主体性」と関連させて説明することは、問題ありません。

傍線部が『マトリックス』のような、ほぼ「アーキテクチャ支配の世界」（L90）のことなので、法の規制がアーキテクチャの規制と対等にあるかのような**2**の説明は、傍線部の文脈と食い違います。また「制裁が隈《くま》なく制定された」としても、その中で〈反抗〉とかがあるかもしれないので、「主体性」がゼロになるとは判断できません。**3** チョイマヨ もアーキテクチャにすっかり「隷属」してしまったならば、「主体性ゼロ」になるかもしれませんが、「隷属を強いられている」状態ならば、やはり2でいったように〈抵抗〉とかがありうるので、「主体性ゼロ」とはかぎりません。4は「社会規範により決定されるという説明が×。「決定」はほぼ「アーキテクチャ」がするという世界です。

ムズ 解答 1

問八 内容合致（趣旨判定）問題

「合致しない」ものを選んでくださいよ。

1……「いまや社会規制において法が果たして来た役割をアーキテクチャに完全移行することが可能となっている」は、L49に「法的規制をアーキテクチャへと全面的に置き換えるのは今のところ無理である」と書かれていることと食い違っています。だから**1が正解**。

2……L55の「アーキテクチャの理想」や、アーキテクチャがあることに、なんの違和感も抱かず当たり前のようになる、つまりアーキテクチャが「第二の自然」（L62）になることと対応しています。

3……人間の行動が「インターネット」（L20）など、メディアの影響を受けることは問題文に書かれているといえます。また「本能的な欲望」にもとづく行動もL69〜に書かれています。そして、それらに関する「欲求自体が形成され」（L71）ない世界をアーキテクチャは作り出せるので、「本能的な欲望」を「制御することも不可能ではない」といえます。

4……アーキテクチャによって人々は「煩わしい選択」をせずにすむようになることは、「最善の選択」（L78）をアーキテクチャに頼めば、「思いわずらわないですむ」（L79）ことと一致します。またそうなったとき、私たちの「自由」が限定されたものになることは、問題文のラストに書かれているので、「自由を失うこともありうる」という表現も問題文の内容と合致します。

解答 1

9 評論

『日本的感性』

専修大学（改）

別冊（問題） p.78

解答

問一	問二	問三	問四	問五	問六
①	③	②	④	④	⑤
2点	4点	8点	9点	8点	9点

ムズ 問三、問六

合格点 27点

／40点

問題文ナビ

語句ごくごっくん

L12 **対象**…観察したり、分析されるもの。主体の意識が向けられるもの

L19 **主観**…①自分が認識するときの意識 ②個人的な考えやものの見かた

L19 **客観**…p.14 語句「客観的」参照

L22 **人間中心主義**…人間を世界の中心と考え、ほかのあらゆるものは人間のためにあるとする考えかた

L37 **謂《いわ》れ**…ものごとの起こり。根拠

L48 **モダニスト**…モダン＝近代に特有のものの考えかたを支持する人

L50 **凡庸《ぼんよう》**…平凡でありきたりなこと

L58 **禁じ手**…してはいけないとされていること

L60 **稚拙**…子供じみてヘタなこと

L60 **直截《ちょくせつ》**…きっぱりしていること

L64 **ナルシスト**…うぬぼれ屋

読解のポイント

●西洋の近代思想……「我《われ》」が、「我」と切り離された対象を知的に見ることを重んじる

⇔

○日本的感性……対象に「われ」が包みこまれていく

←

・生命の充実の中に触覚的な美が生まれる

ひとこと要約

自分と外界が一つになり生命が充実したとき、美が生まれる。

問題文では、途中で「議論を始めよう」（L27）と、話のしきり直しをしています。これを見つけることが意味のブロックを分けるポイントです。すると問題文は、西洋的な思想と日本的な感性を対比した前半部と、与謝野晶《よさのあき》子《こ》の和歌をもとに、日本の美的感性を論じる後半部とに分けられます。では二つのブロックの内容を見ていきましょう。

Ⅰ 「桜」と「バラ」（冒頭〜L26）

筆者はオランダでの体験から話しはじめます。オランダの大学の構内に満開の桜があり、筆者はそれを美しいと感じるのですが、オランダの人たちは桜の存在にもその満開のようすにも気づいていないのです。

・桜……「群生」（＝群をなして咲くこと）の美
　＝見つめる対象としては×

⇔

・バラ・チューリップ……大輪＝見つめる対象として○

テーマ　主客二元論

突然ですが、ここで**主客二元論**の話をします。西洋近代では、理性をもった人間＝主体、が、観察する対象＝客体、を別の次元から**距離を置いて**分析することで、真理や法則が発見できると考えました。こうした考えかたを**主客二元論**といいます。この考えかたは理性的な主体を重んじるので、**合理主義**の基礎となるとともに、理性をもった人間を優れたものと見なし、人間が対象（自然など）を支配するありかたや、**3講**の文章にあった二分法的な考えかたと結びついていきます。

9

問題文にもどりますが、このように西洋では、「認識」する主体が対象（客観）をとらえるという主客二元論を軸に、「主観が対象を支配」しようとします。「我」＝「主体」が「対象」を成り立たせているという、「主体」が優位に立つ考えかたです。こういう考えかたからすると、「バラやチューリップ」は「主体」が観賞する「対象」になるけど、「桜」はもやもやしていてはっきりどこまでが桜かわからないような咲きかたをする。そして桜の「トンネル」みたいに人間を包み込んでしまう。これではきちんと**距離**を置いて「見つめるべき対象」にならない。人間は人間（優れた側）、花は花、という区別ができない→「二元論」が成り立たない、だから「桜」は西洋であまり関心が向けられないのだ、と筆者は考えているのです。

　これに対して、主体と客体を別のものとする考えかたではなく、外の世界にわれわれが包まれる、そうした主体と客体という区別のないところに生まれる「雰囲気（＝対象を支配するのではなく、花とかに包まれる自分と花（＝モノ）とが一つになる状態）」というもののありかたに注目する気運が西洋にも生じてきています。その一人である「ベーメ」というおじさんは、筆者の論文にも「強い関心を示してくれ」ました。その論文は「桜のうたを素材として美の性格を論じた」（L26）ものです。つまり、「ベーメ」さんと筆者の考えが合ったということでしょう。ということは、「ベーメ」さんのいう「雰囲気」と筆者の考える「美」のありかたが似ているということです。

Ⅱ　晶子の「うつくし」（L27〜ラスト）

　与謝野晶子の歌には「われを包むような花のあり方」、つまり「雰囲気」が詠《うた》われています。

○花に包まれる……「触覚的」な美
⇔
●西洋的意識……視覚的・「知性」的

　やはり筆者は「ベーメ」さんと同じように、「花に包まれる」（L30）という「雰囲気」を美として考えていることがここからもわかりますね。

　そして晶子の歌は、技法的にはとくに目立つものはないのです。だから、〈作品の内容は「独特のかたち（表現）によって造形されたものでなければならない」〉という、「かたち」の「独特」さを重視する「モダニスト的な形式主義」からすると、目新しいものがない晶子の歌は「凡庸」でしかありません。でも調和を重んじる「古典主義」は「素直」でシンプルな表現が易しいものではないことを認めていますし、何よりもこの晶子の歌には、「他の作品には見られない感性のタイプ」（L52）がとらえられているのです。

「ではこの作が結晶させている感性はいかなるものか」（L56）。この部分は筆者の示した**問題提起**ですから、しっかりチェックしましょう。そして筆者の出した答えを確認しましょう。

筆者の出した答えのヒントは「うつくし」という形容詞です。この「うつくし」は「美しさの独特の感じ方」を伝えている。「ゆあみする」という晶子の歌でも、自分の肉体を晶子は「うつくし」といっていますが、それは「《わたしのからだ》ではなく、「二十の夏」という「若さ」全般を詠っているのです。筆者は問題文の最後に「美しいのは、生命の充実」だと述べています。このことと「うつくし」とを関連づけるならば、晶子の歌の「うつくし」という言葉には、「生命の充実」をとらえる「感性」が染みこんでいることになります。その感性が新しい。そしてその感性は、対象に包まれた「われ」のありかた＝「雰囲気」と通じるものだと読むべきです。最初の「清水へ～」という晶子の歌は、「われを包むような花のあり方」（L29）を、つまり「雰囲気」を詠っていました。だからこの「ゆあみ」の歌にも生命の源である水や美に包まれた「雰囲気」という面があるはずです。そう読むことで、「雰囲気」を評価する「ベーメ」さんの話と晶子の歌のありかたがつながります。すると文章の前半と後半もつながるでしょう。**文章を読むということは、文章の中につながりを見いだすこと**でした。今回の文章の前半と歌の話を、「雰囲気」というポイントで結びつけられたらナイスです。

設問ナビ

問一 漢字問題（マーク式）

「端緒」は〈ものごとのはじまり。糸口。手がかり〉という意味。同音異義語の「短所」は文脈に合いません。

解答 ①

問二 語句の意味を問う問題

「拙」は〈ヘタ〉という意味ですが、自分のことを謙遜《けんそん》するときに使う語です。〈拙著＝自分の本〉というふうに使います。「拙論」は〈私の書いた（つまらない）論〉という意味です。**正解は③**。

解答 ③

問三 傍線部の理由説明問題

「無関心」なのはオランダの「大学のスタッフ」「学生たち」です。つまり主語は西洋人です。**理由は主語の性質・性格の中にある**のでしたね。だから「西洋人」の性格を見ていきましょう。

傍線部**A**のあとの段落に書かれているように、西洋人にとって、「バラやチューリップ」のように「一輪」でも十分な大きさをもつ花は「観賞する対象」（L12）になります。でも**桜は「群生」していて「見つめるべき対象となるには小さ」**（L16）**い**のです。つまり西洋人は「桜」を「バラやチューリップ」とは違い、**「見つめるべき対象」としない**。この内容と一致するのは②です。「桜」を主語にして〈「桜」は「関心」をもたれない〉と傍線部をイイカエて、「桜」の性質を考えるという作戦もOK。

「無関心」だったのは「司書の女性」だけではないので、①は×。③は「『あなたは桜のようだ』と言われ」ることの説明で、「桜」に「無関心」だという傍線部と無関係です。**理由説明問題では、正解と傍線部は因果関係という形でつながっていなければなりません。**

梅POINT 理由説明問題の正解は、傍線部とスムーズにつながるものを選ぶべし。

③は問題文に書かれていることですが、傍線部の〈理由〉にならない、そういうふうにして③が切れた人はナイス。④チョイマヨは「桜の花」が「女性の美を形容するものではない」ことを**理由**としています。たしかに「女性の美貌を形容するものではない」（L15）と書かれています。でも「形容」しない**理由**は、やはり**〈a 桜は小さく群生していて見つめるべき対象とならない〉**からだと**L16**に書いてあります。「女性の美貌を形容するものではない」ことには、より深い**理由＝a**があるのです。言い換えれば、④の説明はイントロで終わっていて、メインの内容に届いていない。だから②より劣る。**4講**の**p.57**の

梅POINTでもいいましたが、**問題文に書かれていても、理由にならない選択肢を×にできる**ようになりましょう。

そのためには、その選択肢が**理由**として傍線部とつながりをつくれるか、を見きわめる意識をもつことが必要です。⑤チョイマヨは「見《み》栄《ば》えがしない」という部分が問題文に書かれていないので**理由**になりません。それに「桜」は「美」だから、「見栄え」はするはずです。

ムズ　**解答**　②

問四　傍線部の内容説明問題

「西洋の近代思想」は、主体＝「我」が「対象（客観）を捉え」、「主観が対象を支配する」という「人間中心主義」(L22)がそのメインです。「『我』がその対象を対象として成り立たせている」のです。このことをふまえて選択肢を見てみると、ちょっといやなつくりかたをしていますが、④**が正解**です。いやなといったのは、「対象が主観を支配することはない」という部分のことです。この部分は「その（＝〈主観＝我〉が「対象を支配する」ことの）逆ではない」(L21)という部分を、「対象」を主語にして「対象」は〈主観を支配しない〉と**イイカエ**たのです。頭がウニウニするような書きかたをしていますが、結局〈主観＝我〉が対象を支配するのだといっているので正しいのです。

①は「相互置換可能」が×。「相互置換」が可能なら、主体と客体の立場が「置換」、つまり入れ替わってもよいことになります。でも、「主体」が「対象」の立場＝劣った立場、に移ることはありません。②は「認識される対象は周辺にあり」という説明が問題文に書かれていません。③チョイマヨはなんだか日本語がよくわかりません。「それ」が指しているものがよくわからない。「それ」が「西洋の近代思想」を指しているなら、どうでしょう？「雰囲気」という側面に「注目」しているのは「ベーメ」というおじさんです。その人は傍線部**B**の「西洋の近代思想」を「批判」している人です。だから「西洋の近代思想」に「雰囲気としての側面がある」わけはありません。

また「それ」が「批判と反省」を指しているのなら、「雰囲気」で「批判」しているという問題文にない内容になります。たしかに「批判と反省」の一つとして「雰囲気」が登場しました。でも「批判と反省」のなかで「雰囲気」に注目しているのは、とりあえず「ベーメ」さんだけで「多分に」といえるのか、問題文からは判断できません。それに、もし「批判と反省」に「雰囲気」のことが結びついているのだとすると、③は傍線部**B**の「西洋の近代思想」を説明しているのではなく、それを批判する思想を説明していることになります。だから傍線部**B**の「西洋の近代思想」の説明ではなくなってしまいます。⑤は「雰囲気が両者（＝「主観」と「対象」）を包み込む」というのは「ベーメ」のように「近代思想」への反省から出てきたものです。それがもともとの「西洋の近代思想」の中心となる「主観が対象を支配」することと、「同時に」成り立つというのは**対比を〈混乱〉させていて×**です。

解答 ④

問五 傍線部の理由説明問題

「駄作（＝ダメな作品）」だと決めつけたのは佐藤春夫であり、佐藤は「モダニスト的な形式主義の美学」に則《のっと》って、こうした判断を下しています。①はこれに合致しています。またこの「美学」は、

> **a** 作品の内容は、独特なかたち（表現）によって造形されなければならない
>
> **b** 凡庸なかたちは凡庸な内容しか表現できない

と考えるものです。**a**に反し、**b**であると考えられたため、晶子の歌は「駄作」なのです。②は**b**と、③は**a**・**b**と対応しています。⑤も**b**を**イイカエ**た内容です。

これらに対して④は傍線部**C**のある段落に書かれた「古典主義」の考えかたで、これは「モダニスト的な形式主義」とは違います。なので**④が解答**です。

解答 ④

問六 傍線部の内容説明問題

晶子の「うつくし」は、筆者の肯定する「美」のありかたの例として示されたものです。そのことを頭に置いて、筆者のいう「美」や晶子の歌の「美」に関連する部分を問題文からピックアップしましょう。すると、

> **a** 「雰囲気」と通じるもの（L25）
>
> **b** われを包むようなあり方（L29）

c　触覚的に、全身で感じ取られる美（L30）
d　生命の充実（ラスト）

などがこれに該当する部分であることは「**問題文ナビ**」で確認してきたことからもわかりますね。また「うつくし」は晶子がとらえた「美しさの独特の感じ方」（L61　e）を示すものだと筆者は考えていました。

こうした内容に合致する選択肢は⑤です。「対象に没入したわれが覚える雰囲気」が**a**と、「触覚的に全身で感じる」が**c**と、「全身で感じる充実した美」が**c・d**と、「独特の感性を表す」が**e**と対応しています。

①チョイマヨは「日本の伝統に則した古典的美学で表した」が×。「古典主義」は晶子の表現を支持するでしょうが、それが「日本の伝統に則した」ものだとは断定できません。②は「モダニスト的な形式主義の美学を進化させた」が×。「モダニスト的な形式主義の美学」は晶子の作品を「駄作」とした佐藤春夫のバックにあるものです。**対比の混乱した選択肢**ですね。③は「佐藤春夫は古典的美学の観点からこれを非難した」が×。「佐藤春夫」の観点は「モダニスト的な形式主義の美学」であり「古典的美学」ではありません。これも**対比の混乱**です。④も「視覚的で、知性に訴えかける」（L30参照）が×。これは「対象に向かう」（L29）西洋の近代思想の性格で、「雰囲気」に反するものです。これも**対比の混乱**です。

ムズ　**解答**　⑤

10 評論

『民族という虚構』

東洋大学（改）

別冊（問題） p.88

解答

問	解答	配点
問一	A ⑤　B ③　C ②　D ④	2点×4
問二	④	2点
問三	③	3点
問四	a ⑤　b ③　c ④　d ⑤　e ⑤　f ③	1点×6
問五	⑤	5点
問六	③	4点
問七	④	5点
問八	②	4点
問九	③	5点
問十	②　⑥（順不同）	4点×2

ムズ 問一A・D、問三、問四a、問五

合格点 35点

/50点

問題文ナビ

語句ごくごっくん

L1 **合理化**…道理にかなうようにすること。能率を上げるため、むだを省くこと。もっともらしく理由づけをすること（問題文は最後の意味）

L1 **捏造《ねつぞう》**…でっちあげること

L5 **一枚岩**…組織などがしっかりとまとまっていること

L7 **表象**…イメージ。象徴

L8 **イデオロギー**…主義主張。社会などを支配する価値観

L12 **葛藤**…心の中のせめぎ合い

L12 **捨象**… p.39 語句「捨象」参照

L22 **齟齬《そご》**…食い違い

L59 **契機**…きっかけ。大事な要素

L60 **指標**…目じるし。基準

L71 **覇権主義**…自国の影響力を拡大させるために軍事力などにより、他国を侵害しようとすること

L84 **胎動**…胎児が動くこと。新しいものごとが内部で動きはじめること。またその動きが表面化しはじめること

L85 **バイアス**…かたより

L86 **咀嚼**《そしゃく》…嚙《か》みくだくこと

L87 **構造化**…全体を見きわめ要素間の関係を整理すること

読解のポイント

○集団的記憶や民族同一性は、人により異なる記憶などが合成・統合され成立している（**まとめ**）

≒

◎**言葉の意味は使う人によってズレているが、お互いにコミュニケーションができて、わかりあえる気持ちになれる**（**例**）

≒

◎「アメリカ大陸発見」という歴史理解も民族や地域ごとで異なる解釈がされている（**例**）

≒

○こうした違いも、集団の中で記憶が再構成されたり、解釈されて生じたものだ（**まとめ**）

ひとこと要約

集団的な記憶は、人々の解釈によって更新されていくものだ。

テーマ　言語と記憶

言語は人間に思考や心理といえるものをもたらし、文化を形成します。だから文化を単位とした民族の間では、問題文にあるように、言語も民族の共同性を作り上げることに関わります。ただその思考や心理が私たちの心の中に記憶として残されていくうちに、人それぞれにさまざまな変化を起こします。

集団で体験したことでも、その記憶は実は個人個人で、今の時点からも変えることができるのです。幼いとき背負った心の傷（＝トラウマ）の記憶にとらわれている人に、「それはそんなに悪いことではなく、こういうふうにも考えられるよね」というようなかたちで、その傷に関する記憶の見方を変えることで心の傷をいやす〈ナラティブ・アプローチ〉という心理的な方法もあります。記憶と人生、そこには自分でもわからない、不思議なつながりが隠されていそうです。

さあ、評論の最後の問題は少しむずかしく、設問数も多いので50点満点。これで7割取れれば大丈夫！「アメリカ大陸発見」（L29）の話が出てくるところで意味のブロックとして分けると、**例とまとめ**の関係がわかりやすくなるので、そこで二つに分けて、さあ行きましょう。

Ⅰ 集団的記憶の性質（冒頭～L26）

テーマにも書きましたが、私たちの記憶は変わります。そこには自分の都合のいいように考える「合理化」や「捏造（＝でっちあげ）」もあるかもしれない。それは集団的な記憶も同じだと筆者はいいます。人間は社会の中で生きていますが、その社会はさまざまな「集団」を含んでいます。その中に「民族」という集団があります。本当はたしかにあるとはいえませんが、よく〈○○民族〉という言葉を耳にしますね。そしてその「民族」は同じ経験をし、同じ記憶をもっていると考えがちです。でも筆者は〈○○民族はつねに一体であり、同じ文化をもっている〉というような「民族同一性」（L4）を支える「集団的記憶や文化」について、集団を構成する「全員が同じ内容」のものをもっているわけではないと述べています。

それはそうですね、一人ひとりが「合理化」や「捏造」をしているかもしれないのだから。すると「記憶」などによって支えられている「民族同一性」も、各自それぞれの「イメージ」で思い描かれている。「同一性」を作りあげる「イデオロギー」（L8）や「常識」も、昔から今までの多くの人々の「情報交換」で作られる。そうしたやりとりは、「既存の世界観」（L11）があって、それ自体は変わらず新しいものができて古いものの横に並列されるのではない。既存のものと新しい〈異物〉がぶつかり、ゆがみ、既存のものとほかのものが「合成・統合」（L13）されるのです。それは自分の文化が異なる文化と出会い、自分の文化が「異文化」（波線部Ⅰ）を受け入れ、変わっていくことと同じなのです。

〈そんなにみんなが違うイメージをもっているとしたら、じゃあその集団にはどうやって「集団同一性の感覚（＝この集団は一つになってみな同じことを考えているという感覚）」（L15）が生まれるというんじゃ⁉〉という反論があるでしょう。でも、「集団的記憶」の中身が「実体」としてなくても、そうした「感覚」はなくならないと筆者は答えます。それは、話をしているとき、お互いある言葉が指していることがらをきちんと同じく（＝「同一」的に）「共有」していなくても、コミュニケーションできるのと同じだと筆者は述べています。これは、「集団同一性の感覚」は、けっこうアバウトなものだと、筆者が考えているということだと思います。たしかに私たちは、他人の話を聞いて「うん、わかる」なんて簡単にいいますが、何もわかってないかもしれない。それでもなんかつながってるなと感じる。お互いの使っている言葉の意味がズレていても、見たこともない「神」（L26）について話していても、わかりあえたと思える。「集団同一性の感覚」もそういうものなのです。

Ⅱ　歴史理解に見られる集団的記憶の性質（L27〜ラスト）

「歴史理解」は、いつも今の時点から過去の出来事が再び作り直されます。これは、Ⅰのところにも書かれていたように、「集団的記憶」や「民族同一性」が、既存の世界観に異なる要素が統合され変化していくのと同じようなことだといえますね。そういう点で「集団的記憶」と「歴史理解」のあいだには共通性があるといえます。筆者が「歴史理解」を取りあげたのは、そのような共通点によってⅠとつながると考えたからでしょう。

そして「歴史理解」では、理解しようとしている人々の今置かれている状況によって、同じ出来事が「違う角度」（L28）から考えられ、同じ出来事が、それぞれの集団の見方によって異なるもののようになっていきます。その例として筆者があげているのが「アメリカ大陸発見」という出来事です。私たちはそれを歴史の授業で習い、客観的な事実だと考えます。ですがある研究では、「アメリカ大陸発見」に関する歴史教科書の記述が、国ごとで非常に異なるということが明らかになっています。あげられた例をまとめると、それぞれつぎのようなことに重点が置かれ教科書に書かれています。

①アラブ圏である北アフリカ諸国…アラブ人の科学技術が「アメリカ大陸発見」を成功させたこと

②奴隷貿易の犠牲者を多く出したサハラ砂漠より南に位置するアフリカ諸国…新大陸発見による非人道的行為が行われたこと

③アメリカとカナダ…インディアンと呼ばれる人々は「原住民」ではなく「先住民」であり、自分たちの支配は

正当だということ

④先住民・アフリカからの奴隷・「イベリア半島（＝ヨーロッパ）」からの征服者が入り混じった社会として形作られた中南米諸国…自分たちの「同一性（＝アイデンティティ。確かな自分）」を問い、新大陸とヨーロッパ・アフリカなどの旧大陸と、自分たちがどう関わるかということ

⑤ヨーロッパ諸国…新大陸という異質なものが発見されることで、さまざまな国を包括するヨーロッパという単位が誕生したこと

⑥日本…ヨーロッパは国家間で覇権（＝他国の支配）争いをしていること

日本の場合は、江戸末期に西洋と出会い、強大な経済力と領土拡張をめざす「帝国主義勢力」（L72）として、ヨーロッパに恐怖を感じたことが一つの原因でしょう。そしてそうした大きな力をもつ西洋に対抗するもう一つの力として日本を位置づけ、西洋と競《きそ》うという歴史を歩んできたことに関係があります。

こんなふうに、どの国の教科書も国家の統制はあるとしても、こうしたさまざまな歴史解釈の中に見られるように、奴隷貿易を「忘却」したり、出来事を「歪曲」（L80）したりするのは、教科書を書く側の、世界に対する見方が反映されているのであり、権力のせいだけではないと筆者はいいます。こうした歴史をゆがませることの背後には、集団的な記憶がありますが、それを否定するのではなく、内容はどうであれ、「積極的」（L82）な運動として見ていくべきだと筆者は述べています。集団的記憶はたんに過去の出来事に対する想い出の積み重ねではありません。人々の日々の新しい経験が、集団や共同体の記憶に付け加えられるそのたびに、既存の過去の記憶全体が再び作り直されるべきだという、内部からのうごめきを集団的記憶は受けとるのです。既存の記憶の場を筆者は「電磁場」（L85）と呼んでいますが、そこには磁力つまり力が働いています。それは多くの人々の民族的同一性や集団的記憶の中にある、ものの見方の「バイアス（＝偏《かたよ》り）」のことです。その偏りを通して現在の経験が嚙《か》みくだかれ過去から続く集団的記憶は日々更新されながら、中核の部分は維持されていくのです。集団的記憶は決して一度決められたら変わらないというものではなく、日々新たな経験を整理しながら記憶全体が調整され

ていくような動きのあるプロセスをもっています。

こうした経験や出来事に対する私たちの日々の理解や解釈が、新大陸発見のような出来事に新たな意味を与えると筆者はいいます。つまり筆者は、問題文冒頭で、集団的記憶は人々のさまざまなイメージの中で作られているといっていましたね。問題文の最後でも集団的記憶は日々新たに人々の理解や解釈によって更新されていくと述べています。つまり冒頭と問題文末尾は**イイカエ**の関係のように、同じ内容でつながっています。すると**まとめ**の部分がイコールですから、教科書の**例**を入れて三回同じことが繰り返されている文章だといえます。

設問ナビ

問一 **空欄補充問題**

「A的記述」とは、空欄Aの直前に書かれていることだということはわかりますね。その部分を「記述」という表現に合わせると、〈「集団的現象を分析する際に」、「あたかも（＝まるで）集団自身が思考したり記憶するかのよう」に書くこと〉となります。でもこれしか手がかりがなく、こうした内容の語句が答えだという積極的な根拠が見つかりません。こういうときは、

梅POINT 解答の根拠が見つからないときは、即、消去法に切り替えよ。

ただし、**消去法というのは、たんにa 問題文に書いてある書いてないだけではなく、b 傍線部や空欄および空欄前後の文脈とスムーズにつながるものを選ぶ**のです。

今の場合でいえば、「記述」につながることがbの条件をクリアするために必要なことです。「記述」は〈書くこと〉です。それもAの直前にあったように、〈「あたかも（＝まるで）集団自身が思考したり記憶するかのよう」に書くこと〉です。「書く」の主語は「集団自身」です。たしかに集団に属する一人ひとりが、一緒に書きぞめをするということはあります。でもそれは「集団自身」ではなく、集団に属する人々ですね。そもそもたとえば民族とか社会とかいう「集団自身」は、人間ではないから、「書く」という行為はできないはずです。なのに人間では

ないものが人間の行為である「書く」ということをするように表現している。これは〈人間以外のものを人間であるかのように描く〉「擬人法」です。筆者はそうした書きかた（＝「記述」）はしてはいけない、といっているのです。⑤の「擬人」は書きかたとして「記述」の説明になるし、A直前に書いてあることともつながるので、二つの条件をクリアできます。なので**正解は⑤**。筆者がこのように、「集団」自身が思考したりするような記述の仕方を否定するのは、個人個人が集団的なものを作ると考えているからです。ほかの選択肢は入れる根拠がありません。

空欄Bは「アメリカ大陸発見」という「史実」（L29）が取りあげられること、各国の「歴史教科書」（L29）が**例**としてあげられていること、そしてBのあとに「理解」という語があること。これらから③**「歴史理解」が正解**となります。①「映像」は文脈上、入れる根拠がありません。②は「文献」に限定していますが、人々が「解釈」しているのは新大陸発見という出来事です。④の「情報」は過去のものも現在のものも含むものであり、⑤の「現実」も目の前で起きていることを含みます。ですが、Bのあとの「常に現在によって再構成される」といういいかたは、「再構成される」のだから、一度「構成」されたもの、つまり既成のもの、過去のものが「再構成」されることを示しています。だから現在のものを含む「情報」も「現実」も、「常に現在によって再構成される」というBのあとの文脈とのつながりが作れません。

空欄Cは「インディアン」と呼ばれる人々は、少し先に新大陸に来ていただけで、もとからいる「原住民ではなく」、「先住民にすぎな」いと、ヨーロッパから渡ってきた人間たちが自分たちの都合のいいことをいった結果を表す箇所です。ヨーロッパ人は〈ここはインディアンの土地ではなく、誰でも住んでいいとこなんだ〉といい、インディアンを追い出しにかかったのです。真実は「インディアンとヨーロッパ人入植者との間に繰り広げられた闘争の歴史」（L45）なのに、そうした理屈で、インディアンに「居住権」はないから、俺たちも住んでいいよねと共存するようなふりをして、インディアンたちを追い出したのです。「原住民」じゃなくて「先住民」だという理屈によって、インディアンの「居住権」は弱いものになっていきます。そのニュアンスを表せる語句は②「相対」化です。「相対化」は〈(他との関係において) 冷静にものごとを見直す。価値を疑う〉という意味ですが、後者の意味が**C**の文脈に当てはまります。つまりインディアンの「居住権」は〈疑われるものになった〉ということです。なので**②が正解**。④「複雑」化するだけでは、インディアンたちが住めなくなる、という意味がはっきり出ません。①は真逆だし、③も「既成事実」化したら、〈事実としてもう住んでるんだもんね〉ということになり、インディアンたちは居直ることができるので、これも×。⑤「二律背反」は〈二つのことがらが対立し、両立しないこと〉ですが、これだとインディアンの「居住権」が二つに割れて対立しているようなイメージです。これでは文脈と大きくズレます。ただし「二律背反」の意味は大事です。

空欄**D**は**ムズ**です。新大陸との出会いによって、ヨーロッパは自分たちの**D**の「礎石（＝基盤）」を作った、というのですが、では新大陸との出会いによって、ヨーロッパはどうなったのか。「まったく異質な他者（＝新大陸）との出会い」によって「ヨーロッパという包括的単位」が「初めて誕生」（L58）した、と書かれています。簡単にいうと、「異質な他者」と出会うことで、〈オレたちはあっちと違ってオレも君もみんな「ヨーロッパ」なんだよな〉と、自分たちが一つのグループなんだと実感したということです。敵ができると、グループがまとまるみたいなもんです。

で、**ムズ**だというのは、こうしたことがわかっても、語い力がないと正解にたどりつけないからです。右に書いた〈オレも君も同じ〉という状態は〈二つ以上の事物の性質が同一である〉ということですよね。それは④「同一性」の意味なのです。「同一性」は**7講**にも出てきて、そのときは〈いつも同じ自分〉という意味でしたが、右のような意味も語句のところに書いてあります。なので**④が正解**。①・③は逆でバラバラ。②・⑤は文脈と無関係で入れる根拠がない。ヨーロッパは「自由主義」の国が多い、というような常識で⑤を答えにしてはいけませんよ。消去法でできたらエライ！　全問正解はなおエライっ！

解答　ムズ **A**⑤　**B**③　**C**②　ムズ **D**④

問二　空欄補充問題

空欄**X**は「どの国の教科書」にも出てくる「ローマ法

10

王」の一般的なイメージを表す語句が入ります。「ローマ法王」はキリスト教のトップですから、「**宗教**」的な「権威」です。一方空欄**Y**は、ヨーロッパを国家間の「覇権争い」が激しい地域とした日本のイメージを前提にしたときの「ローマ法王」のイメージです。だから**Y**の直前に書かれているように、「ローマ法王」は「敵対する勢力間の紛争を解決するため」に行動する人になります。**Y**の仕事は、国連がするようなことですから、「**政治**」的な行動です。よって**正解は④**。①は**Y**「官僚」がおかしい。「ローマ法王」は役人ではありませんし、政治や国家に従う位置にいる人ではない。②も**Y**「超人」がおかしい。これだと「ローマ法王」は人間ではなくなってしまいます。〈すごい人〉という意味だとしても、〈すごい人〉という見方がどうして日本的な見方なのか、説明がつきません。③の「世界」を**X**に入れると「世界的権威」となりますが、なんの「世界的権威」かわかりません。**Y**の「強権」は**Y**直後の「調停」と食い違います。「調停」は互いの話を聞いて、同意してもらうという行為であり、強い権力で従わせるものではありません。⑤の「民族」を**X**に入れると、法王はどこかの「民族」の中だけでエライという意味になり、法王がキリスト教のトップであることと食い違います。また**Y**「現実」も入れる根拠がありません。「現実」的な人物というより、神の世界に通じる人です。

解答 ④

問三 **脱落文補充問題**

これと同じ種類の設問は、**7講**の**問四**でやりましたが、まずは**脱落文冒頭の指示語・接続語がヒント**でした。この設問でも、脱落文の冒頭に「このように」という指示語があります。この指示語が働くためには、この脱落文が入るところの前に、「言葉の意味がずれてい」たり、「言葉の指示対象が実在しな」いという場合も、「コミュニケーションは成立する」というような内容があるはずです。そして「言葉」のこととなると、解答はかなりしぼられて、第⑷段落か、第⑹段落ということになります。このあとがちょっときわどい。というのは「コミュニケーションが成り立つ」という話は、どちらの段落末尾にもあるからです。でも脱落文の「言葉の指示対象が実在しな」いという内容は、第⑹段落の「小説に登場する架空の人物」や「誰も出会ったことのない神」のことを指していると考えられます。第(4)段落には、そうした内容がない。よって正解は第(6)段落つまり**③が正解**となります。

ムズ **解答** ③

問四 漢字問題（マーク式）

a 名辞（＝概念を言葉で表したもの） ①滋味（＝深い味わい） ②銘記（明記は実際にはっきり書くことで、例文に合わない） ③侍従 ④迷妄（＝間違った考え。心の迷い） ⑤**辞任**

b 架空 ①仮面 ②苛烈 ③**担架** ④転嫁 ⑤寡黙（＝口数の少ないこと）

c 皆無 ①懐疑 ②怪奇 ③俳諧 ④**皆勤** ⑤潰瘍

d 征服 ①報復 ②請願 ③起伏 ④忠誠 ⑤**敬服**

e 包括 ①抱負（＝してみたいと思っていること） ②所轄（＝管轄） ③飽和 ④割譲 ⑤**包容力**

f 神聖 ①盛況 ②振興 ③**聖火** ④慎重 ⑤清涼剤

解答 ムズ **a**⑤ **b**③ **c**④ **d**⑤ **e**⑤ **f**③

問五 波線部の内容説明問題

波線部に突然「異文化受容」という語句が出てきます。これがどういうことかを考えなくてはなりません。

梅 POINT 傍（波）線部がある問いはどんな場合でも、まず傍線部の内容を考えることから出発すべし。

でも波線部とにらめっこしてても、手がかりはつかまえられません。波線部の文脈を確認しましょう。波線部直前に「言い換えるならば」とあるので、波線部は波線部直前とイコールの関係になっている。ということは「異文化受容」に対応する説明があるはずです。波線部直前には、「既存の構造と〈異物〉との葛藤」と書かれています。異文化との出会いは異質なもの＝異物との出会いであり、自分の文化との違いが心の中でさまざまなことがらがせめぎ合う「葛藤」を生じさせることもある。〈異物〉と異文化という言葉が似ていることからも、「異文化受容」という語句と「既存の構造と〈異物〉との葛藤」という部分が**イイカエ**関係になっていると考えられます。

ただ波線部には「異文化受容の過程」とあるので、「過程」というプロセスをもう少し波線部の前は語っている

10

はずです。たしかに「葛藤」から、「捨象」や「歪曲」が「無意識的に」行われ、やがて「能動的な合成・統合が行われる」と書いてあります。つまり**〈異文化と出会って心の中でその違いから葛藤が生じ、何かを取り除いたり、付け加えたり、ゆがめたりしながらも、私たちは積極的にその異物＝異文化との合成・統合を作り出す〉**のです。これらが「受容の過程」です。

　これで波線部の後半はわかりました。ただし波線部は「情報交換・伝達」が主語です。この「情報交換・伝達」というのは、*L*9に出てくる「情報交換」という言葉を受けていると考えていいでしょう。また*L*11には「情報伝達」という語句があり、この言葉と「情報交換」との両方を受けて波線部の「情報交換・伝達」という言葉があるのです。そしてこれらはもとをたどれば、「集団的記憶」の説明をしようとして、それの要素である「精神的産物」（*L*8）が作られるとき、「情報交換」や「情報伝達」が異なった人々のあいだで行われる、という文脈の中に出てくる言葉です。そしてそれらが「既存の世界観」（*L*11）を部分的に解体したり、新たなものを付け加えると述べ、それが「異文化受容の過程」と同じだと述べているのが波線部なのです。つまり**〈集団的記憶を作る多様な人々の間で行われる情報交換や情報伝達は、既存の世界観と〈異物〉を合成・統合することだが、それは「異文化」を受け入れるプロセスと同じだと理解すべきだ〉**というのが波線部の内容です。

　このことを理解した上で選択肢を見ていくと、**⑤が正解**だとわかります。「情報交換」や「情報伝達」は、先にいったように、「集団的記憶」との関連で出てきたことですし、*L*4で「集団的記憶」と「文化」は並列されているので、「集団的記憶や文化」といういいかたも許容できます。「既存の……合成統合が行われる」というのは波線部直前の内容であり、波線部の「異文化受容の過程」を**イイカエ**たものでした。

　①は「必然的に共通意識が形成される」という部分が波線部およびその**イイカエ**である波線部直前の内容と合いません。「葛藤」や「歪曲」があるのですから、単純に「共通意識が形成される」というのは間違いです。

②チョイマヨは、波線部が「情報交換・伝達」を主語として、これらが「異文化受容の過程」と同じだというふうに考えろと述べているのに、「異文化」「摂取」そのもののこ

とを説明していて、波線部が述べたいこととズレています。波線部やその直前の語句がちりばめられているので、ひっかかってしまいそうですが、間違えないでください。③は「情報交換・伝達」を「イデオロギーや宗教」に限定して具体的に書いている点が、まず波線部の内容とズレています。また、それらが「ゆるやか」な情報交換のあとに「意図的に受け入れられている」という内容が問題文には書かれていませんし、波線部の内容とも一致しません。④ チョイマヨ は L8・9 の内容をまとめたものとなっていますが、波線部の「異文化受容」という内容が説明されていません。「異文化受容」は波線部直前にあったように、異質なものとの出会いです。その内容が明確に書かれていない点で④は正解とはなりません。

ムズ 解答 ⑤

問六 波線部の理由説明問題

「言葉の意味」が「ずれる」のは、言葉かそれを使う人間の性質によると考えられます。**理由は主語の性質の中にある**のでした。この波線部では「言葉の意味」が主語ですが、言葉を使うのは人間ですから、〈人間が使う言葉の意味はずれている〉というふうに、〈人間〉も主語として考えられます。

このことを頭に置いて、問題文を見ていきましょう。すると波線部の直前には言葉を発する者が「ビジネスマンであるか……哲学者であるかによって」「言葉の意味」が「ずれる」と書かれています。これは言葉を使う〈人間〉が多様である、という〈人間〉の性質です。また波線部のあとには「言葉」が「豊かな暗示的意味」を含むときには、人間の脳裏には異なった「表象（＝イメージ）」（L21）が浮かぶ、と書かれています。これは「言葉」の性質でもあり、「人間」の性質でもあります。

すると、「（人間が使う）言葉の意味」が「ずれ」る理由は、**〈言葉を発する人間が多様であり、言葉が与えるイメージは人それぞれで異なるから〉**となります。

これと最も近い内容の選択肢は③で、**③が正解**。「それぞれの立場」は「ビジネスマン」、「哲学者」などのことをまとめた表現です。①は「新しい言葉を使おう」がナシ。②は「同じ言葉を使おうとするから」「ずれる」と説明しています。すると〈違う言葉を使えば、ずれない〉といっていることになります。ですが問題文では、「同じ言葉を使用しても」、「脳裏に浮かぶ表象はまるで異なる」と書かれています。つまり、問題文は「同じ言葉」を使っても、ずれる、といっているのです。これは〈違う言葉を使えば当然ずれる〉という意味も含んでいます。だからこれらと「同じ言葉を使うから、ずれる」とは内容が違う。よって②は問題文の内容と合致しません。④「遠い過去の記憶を言葉に反映させようとする」、⑤「日常の会話と暗示的意味で使う言葉を使い分けている」もナシ。

解答 ③

問七 **波線部に関する内容説明問題**

「**問題文ナビ**」でもまとめましたが、「アメリカ大陸発見」は人々の「歴史理解」のありかたを説明するためにもちだされた**例**でした。「**問題文ナビ**」の**読解のポイント**に書いたまとめをもう一度ここで見てください。

○「アメリカ大陸発見」という歴史理解も民族や地域ごとで異なる解釈がされている（**例**）

≒

◎**こうした違いも、集団の中で記憶が再構成されたり、解釈されて生じたものだ**（**まとめ**）

「歴史理解」にはそれを理解する人々の見方が知らず知らず入り込んで再構成される。それは問題文全体のテーマである**「集団的記憶」が、「歴史理解」と同じように人々が新しい「解釈」をつけ加えて、出来事を理解していくことと同じだということ**を筆者はいおうとして、「アメリカ大陸発見」に関する歴史教科書の話をもち出したのです。問題文を、⑺段落～⒂段落を**例**として、最後の二段落をその**まとめ**としてとらえるという、**問題文の構造、しくみへの意識が必要**です。そしてこうした傍線部の内容を示した意味や目的を問う設問では、

梅POINT **傍（波）線部を問うのではなく、それに関連した内容を問う設問では、広く問題文を見渡すべし。**

ということも忘れずに。そのうえで選択肢を見ていくと、右に述べたことと最も近い内容の**④が正解**だとわかりますね。①は「不正確」が×。筆者はこうした「歴史認識」

を「否定」するのではなく、「積極的な能動性をそこに見るべきだ」（L82）として、肯定的にとらえているからです。②は「個人の記憶」が×。ここで取りあげられているのは「集団的記憶」です。③は「国家権力による統制によって決まる」という説明が、「権力の介入のみでは説明できない」（L80）と×。⑤の「精神的産物が時間のズレを媒介として変化していく」と近いことは**L8**に書かれていますが、⑤は「時間」だけで「人々」の解釈などに触れていない。これが大きな欠点。

解答 ④

問八 波線部の内容説明問題

波線部の「日本」の「過去の歴史」とは、波線部直後に書いてあることです。つまり一九世紀なかばに日本が出会った西洋は「強大な経済力を背景とした帝国主義勢力」であり、「恐る」べきものでした、それゆえ日本は、西洋に対抗するもう一つの力となろうとして近代日本を作っていくのです。そしてそうした巨大な力への「恐れ」が歴史理解にも「投影」され、日本の教科書では、「アメリカ大陸発見」について、「ヨーロッパ諸国」の「覇権争い」という側面が強調されているのです。

こうした内容に合致する**正解の選択肢は②**です。①は「マキャベリの思想に基づいていることに気づいた」ことが、「日本が西洋に向かい合った過去の歴史」ではないので×。③は因果関係がおかしい。時間的な順序でいえば、江戸末期に圧倒的な経済力と帝国主義的なありかたを示す西洋に出会ったことが「過去の歴史」であり、それが原因で、教科書に、事実かどうか怪《あや》しいヨーロッパの激しい覇権争いということが記述されるという結果になっている、というのが問題文に書かれている順序＝因果関係です。なのに③はヨーロッパの「激しい覇権争いがどのようにおこなわれたのかを把握して恐れてきた」というように、日本が西洋の争いをきちんと知っているようにいい、それが「日本が西洋に向かい合った過去の歴史」だと説明しているので、波線部や本文の内容と合いません。**傍（波）線部内容説明問題では、傍（波）線部をきちんとイイカエていて、傍（波）線部と対応している選択肢を選ぶことが大事**でした。このことをいつも忘れないでください。④は「西洋以外の国と共存共栄しようと考えるようになった」という説明が、「それ（西洋と日本）以外の地域の民族は両者によって支配される単なる対象と見做《みな》されるようになった」（L75）という記述と×です。⑤は「文化的存在である西洋を崇拝し」という説明が、波線部直後の「文化的存在である前に何よりも先ず、強大な経済力を背景とした帝国主義勢力」だったという記述と食い違います。

解答 ②

問九 波線部の理由説明問題

「静的なイメージで集団的記憶を捉えるのは誤っている」**理由**が問われています。主語は「静的なイメージで集団的記憶を捉える」ことです。これも波線部の内容を変えずに、〈集団的記憶は静的なイメージで捉えられない〉と**イイカエ**ることができます。すると「集団的記憶」の性質の中に波線部の**理由**があると考えられます。「集団的記憶」は最終段落に書かれているように「**新たな経験を構造化しながら蓄積してゆく動的なプロセス**」です。「動的」なのだから、「静的」にとらえるのは間違っていますね。そしてこの「動的なプロセス」とは、波線部直後の「**日々の新しい経験が共同体の記憶に付け加えられるつどに、過去の記憶全体が再構成の胎動を受ける**」ことと同じだと考えられます。「動的」と「胎動」という言葉のつながりもあります。ですから今述べた最終段落の内容と対応する③**が正解**。①は「構成員全員が同じ内容の記憶や文化を保持するわけでもない」（L5）とあるので、「同じ内容の記憶や同様の文化を継承していない」という説明は間違っているとはいえません。でも「同じ内容の記憶や同様の文化を継承していない」からというだけでは波線部の**理由**にはなりません。上でいった内容が示されていないからです。**問題文に書いてあっても、理由になるのか、よく考える**のでしたね。×です。②は「言葉の理解の齟齬が少なければ、問題が生じず」という内容が波線部と関係がなく、**理由**になりません。また「記憶内容が共同体全部に共有される必要がない」というのもおかしい。「記憶内容」は人々によって解釈されたり変形をこうむったりしますが、集団的記憶として共同体の人々の内部に分けもたれるわけですから、「共有される必要がない」というのは適切ではありません。なおかつ波線部の内容につながっていかないので**理由**になりません。④は「構成員が同じイメージを持つことによって」と説明していますが、「集団的記憶……は……構成員全員が同じ内容の記憶……を保持するわけでもない」（L4）と書かれていることと食い違います。さらに「並列的に加えられていく」という説明も「並列的に加えられることではあり得ない」（L11）と書かれていることと×。⑤は「時代の制約を受けて正しい判断ができなくなる」という内容がナシ。

解答 ③

問十　内容合致（趣旨判定）問題

①……「同一の記憶が形成され民族同一性として表象される」という説明が間違い。「民族同一性を支える集団的記憶や文化は……構成員全員が同じ内容の記憶や文化を保持するわけでもない」（L4）、「社会の構成員は各自それぞれのイメージを通して民族同一性を表象する」（L7）と食い違います。**ワースト1**です。

②……①で引用した部分と合致しています。**②が一つ目の正解**。

③……「権力の介入に起因している」という説明が、「権力の介入のみでは説明できない」（L80）と×。これも**ワースト1**です。

④……後半部が、「集団的記憶……は……構成員全員が同じ内容の記憶や文化を保持するわけでもない」（L4）と食い違う。これも**ワースト1**。

⑤……「移民に対して抵抗し先住民の視点に立って建国の実体を評した」という説明が不適切。「中南米諸国」は、「先住民」、「奴隷として連行されてきたアフリカ人」、「征服者」が混じり合って建国され、その教科書には「新旧両大陸の関係が描かれている」（L54）という問題文の内容と×です。これも**ワースト1**。

⑥……第⑻段落の内容と合致します。「ヨーロッパ主導」というのは「ヨーロッパだけに奴隷貿易の責任を課し」（L37）たことであり、「科学技術」は「羅針盤」などのことです。**⑥が二つ目の正解**です。

東洋大学の現代文は、選択肢自体は選びやすいですが、問題文がむずかしいですね。日東駒専といわれるグループの中でも一番むずかしいかもしれません。現代文を得意科目にして、挑戦してみてください！

解答 ②・⑥

11 随筆

「化け物の進化」

成城大学(改)

別冊(問題) p.104

解答

問	解答	配点
問一	(ア) 活躍 (イ) 臆病 (オ) 茶飯	1点×3
問二	(ウ) すそ (エ) こすい (カ) はいが	1点×3
問三	(a) ニ (b) ロ (c) ハ (d) イ	1点×4
問四	われわれの五官	4点
問五	X 科学 Y 宗教	3点×2
問六	世界が多くの化け物に満ちていることを教え、被教育者の中に科学への芽を育てること。	6点
問七	イ	4点
問八	ロ ホ (順不同)	5点×2

ムズ 問一(オ)、問三(d)、問六

合格点 30点

/40点

問題文ナビ

語句ごくごっくん

L5 表象…p.106 語句「表象」参照
L13 帰納…p.27 語句「帰納」参照
L16 実在…人間(の意識)と関係なく、客観的に、実際にあるもの
L21 省察…自分などをかえりみて善悪などを考えること
L24 大道…根本の道徳
L34 豪傑…武勇にすぐれ、細かいことにこだわらない人
L54 憧憬…あこがれ
L57 阻害…邪魔をすること。「疎外」…排除すること
L58 鼓舞…ふるいたたせること。勇気づけること
L66 普遍…p.39 語句「普遍的」参照
L68 皮相的…表面的、うわべだけの

読解のポイント

・「化け物」は人間と自然との接触から生まれた

↓

・「化け物」が出入りする世界は、宗教と科学、そして芸術の世界である

↓

・だが科学では化け物を科学と無関係のものと見なす風潮がある

↓

・科学教育こそ化け物という不可思議なものを探し、教えるものなのだ

↓

・古い時代の記録の中には今日の科学が扱うべき事実が見いだせる

ひとこと要約

化け物こそ、科学へと人間を導くものである。

テーマ　随筆（エッセイ）

随筆（エッセイ）というのは、筆者個人が「私」などの一人称で、自分の体験や思い、考えを書いたものです。そうした随筆にも、**対比**や**イイカエ**などの構造があります。だから、評論と同じように読むことが基本です。ただ違う点はつぎのようなことです。

1　評論のような論理ではなく、筆者の連想によっていくつかのエピソードが続く場合が多い→どのような共通点でつながっているかを考える

2　文章全体で一つのテーマだけを語っていることが多い→傍線部の内容を傍線部とその前後の文脈だけで考えず、全体のテーマと傍線部とをリンクさせて設問を解く

3　比喩的な表現などが多く、設問でもそれを問われる→**比喩**が何をたとえているか、を傍線部前後の文脈と全体の内容から判断する

筆者の寺田寅彦《てらだとらひこ》は物理学者であると同時に、夏目漱石《なつめそうせき》の弟子でもあり、文系理系どっちもOK。漱石の弟子だということは、文学史で問われるので、覚えておいてください。その寅彦君が、ひたすら「化け物」の話をしています。先にいったように、**一つのテーマを語るという〈随筆（エッセイ）〉の典型**ですね。そして途中からは「化け

物」と科学教育とのつながりという話題に進んでいきます。ですから問題文を二つの意味のブロックに分けて見ていきましょう。

Ⅰ「化け物」と科学（冒頭〜L24）

「化け物」といわれているのは、雷をとどろかす「鬼」とかのことです。それらは、人間が、ある自然現象を不思議に思ったとき、その答えとして編み出された。「人間と自然の接触から生まれた」（L2）というのはそういうことです。そして化け物はそれを怖《おそ》れる人間によって宗教と関わり、また、雷は空中電気のせいだとする科学を生み出しました。あるいは風神雷神図のような形で、芸術の世界にも出入りしますね。筆者は化け物のイメージ（＝「表象」L5）は変わっても化け物に対して抱く「心的内容（＝心のありかた）」は永久に変わらないと述べています。

昔の、自然界の謎を解くための「作業仮説（＝とりあえずの考え）」が化け物だったわけですが、今日では雷＝「空中電気」だと科学的に説明されます。でも、なぜ空中で「放電」が起こるのかは、本当は専門家でもわからない。とすれば、「雷」＝鬼のせい、という結論に達する（＝「帰納」する）のと、雷＝電気のせい、というのはあまり変わりませんね。どちらも不思議なのですから。

それに、昔の人も、石器や土器を目で見たように、化け物を見た人はいないでしょう。現代の科学者もまた試験管という私たちの目に見える物体のようには、電気の中の「分子原子電子」（L13）を見た人はいない。つまり化け物と電子は目に見えたりする「実在」（L16）ではない、という点でも同じです。理論上原子や電子の存在を「仮定」すると、物理的な現象がうまく説明できるというのならば、雷さまの存在を「仮定」して雷を納得するのと同じです。このように、「科学」と化け物とを比較すると、化け物と似た科学の本質を「省察」（L21）できると筆者はいいます。

「怪物」＝化け物は、一方は雷さまなど宗教へ、一方では科学のほうへ行った。そして宗教のほうへ入った化け物は、一つになり「神様」（L23）という、世界の根本的な存在（＝「大道」）となった。また科学も宗教も、人間がつくり上げた「芸術」だと筆者はいいます。これは第1段落でも述べられていたことですね。

Ⅱ　化け物と科学教育（L25～ラスト）

でも科学が進歩するとともに、人々は科学を過剰に評価し、化け物は逆に興味をもたれなくなっています。化け物は、空想上のもので、ただ滑稽で怪奇なものとしか思われなくなり、子供時代に感じたような身体中を突き抜けるような強い「神秘」（L30）的な感じはなくなったように思えると筆者は書いています。

そして筆者は、化け物が、そうした神秘を感じさせなくなることが、子供たちにとって不幸であり、子供たちの教育上もよいことではないと考えています。おそらく学校の先生は、子供たちが化け物を信じなくなることをいいことだと思うかもしれませんが、「存外（＝意外と）」（L31）そう簡単な問題ではないかもしれないと筆者は言います。化け物が与える「ゾッとする」感じは、「自然」の謎や不思議がもたらす感覚です。それを知らない「豪傑」（L34）が、科学者になってもダメだと筆者はいいます。つまり「ゾッとする事」を体験することが科学へ導くのだと筆者は思っているのです。

筆者の少年時代には、まだまだ化け物が信じられていて、それらを人に上手に話す老人や友だちがいました。とてもその話は真《しん》に迫っていた。もちろん筆者たちも、それらの化け物を実際に見えるとは思っていなかったですが、友だちの話は一編の「詩」のようであり、筆者たちに神秘的な雰囲気を吹き込み、「不可思議な世界」への「憧憬（＝あこがれ）」を「鼓吹（＝吹き込んだ）」（傍線部（エ））したと筆者は述べています。日常の世界の向こうに、常識では計りしれない世界があるのかもしれないと思うだけで、子供は自然の奥に隠れた何かについて考えを巡《めぐ》らせるようになるのです。

学校とは違うところで行われた、こうした「化け物教育」が、少年たちの「科学知識に対する興味」を「阻害（＝邪魔）」（L57）することがなかっただけでなく、かえってそうした知識を求める気持ちを「鼓舞（＝奮い立たせた）」ようにも思えると筆者は書いています。子供たちに本当の科学教育を行ったのは学校ではなく教科書でもなく、老人や友だちだったのかもしれない。これはけっして馬鹿げた「変痴奇論《へんちきろん》」（L61）ではありません。不幸にも科学の教科書には本来教科書がすべき科学者育成という「目的」を裏切って、「被教育者（＝教育されるもの）」の中に芽ばえつつある科学者になる可能性（＝「胚芽」（L63））

11

をつみ取ることがあるのではないかと筆者は言います。学校の科学教育は実はとても不思議な、本当には誰もわからないようなことを、とても簡単で誰もがわかる平凡なことのように説明してしまい、それを聞いた生徒たちは何の疑問も抱かず、すっかり安心してしまう。そんな科学教育がどこでも行われて、それを素直に生徒たちが受け入れたら、世界に謎がなくなってしまいますから、世界の科学は、もはや「進歩」（L66）しなくなる。

こういう薄っぺらい科学教育が普及すれば、誰も謎めいたものや不思議なことに興味を示さなくなりますから、「自然」の謎や不思議と関係のある化け物が日本から追放されてしまうのも当然です。化け物に関する貴重な事実＝できごと、それらをすべて迷信という言葉で片づけることが科学の目的であるかのような「誤解」（L70）が生じています。でもそうした謎めいたことは、すべて人間の作り上げた迷信だということを明らかにすることが科学の目的であるという考えかたこそ、「科学に対する迷信（＝根拠のない考え）」（L70）だと筆者はいいます。科学の目的は化け物を殺すことではありません。化け物を探し出す、つまり謎や不思議を探し出すことです。この世界がどんなに多くの化け物＝謎や不思議に満ちているかを教えることこそが、本来の科学の目的です。昔の化け物は昔の人にとってちゃんとした事実＝リアルなできごとだったのです。一世紀前の科学者にとって事実であったことが百年経《た》ったら事実ではなくなった（＝違っていた）ということはいくらでもあります。たとえば電気に対する考えかたも昔と今とでは違うでしょう。でも昔の学者が信じた電気に関する事実＝できごとは、昔の科学者にはやはりリアルな事実だったのです。雷の正体が鬼だなんて信じているのは昔のおバカちゃんだけだ、あれは「放電」だ、というように笑う今日の科学者が、百年後の科学者に、百年前の科学者は「放電」なんて変なことを考えていたんだねぇ、などと笑われてしまうかもしれません。そのように、古いというだけで否定するのではなく、雷を鬼のしわざと考えた、そうした時代のものの考えかたの中でとらえられたできごとの意味を考えるべきだと筆者はいいたいのだと思います。

昔の人の書き残した化け物の記録は古人にとって謎や不思議と思われた事実です。それらの記録の中から、今日にもつながる「科学的な事実」＝謎や不思議を掘り出すことはありえる、と筆者は考えています。

設問ナビ

問一 漢字の書き取り問題

(ア)・(イ) は簡単ですね。**(オ)** の「茶飯」は今では「(日常) 茶飯事」という使いかたがふつうですが、〈日々のありふれたこと〉という意味です。

解答 (ア) 活躍 (イ) 臆病 ムズ (オ) 茶飯

問二 漢字の読みの問題

(ウ) は服などの「すそ」。**(エ)**「鼓吹(=こすい)」は、〈勇気づける。考えなどを吹き込むこと〉。**(カ)** の「胚芽(=はいが)」は〈種の一部分〉の事ですが、「芽」は〈才能の芽を育てる〉などと、比喩的に〈可能性〉という意味で使うことがあります。この場合もそうです。

解答 (ウ) すそ (エ) こすい (カ) はいが

問三 語句の意味を問う問題

(a)「遺憾」は〈自分や他人の言動について、思いどおりにならず、残念に思うこと〉で、それが〈遺憾なく〉と否定されると、〈思いどおりに、申しぶんなく、十分に〉という意味になります。なので**正解はニ**。

(b)「存外(=ぞんがい)」は〈意外と〉という意味ですが、これは思ったり予測していたこととの食い違いを意味します。だから一番近い意味を表す**ロが正解**。

(c)「随意に」の意味は〈思いのままに〉。**正解はハ**。

(d)「格好な」は〈姿・スタイル〉という意味の「格好」ではなく、「な」がついて形容句になると〈ちょうどいい・適当な〉という意味になります。**イ**の「あつらえ向きの」という語が、〈ちょうどぴったりの〉という意味なので、**イ**が一番意味的に近い。なので**イが正解**。ふつう「お」をつけて「おあつらえ向き」と使われます。**ハ**「こわもて」は一般には〈恐い顔つき。強硬な態度〉。

解答 (a) ニ (b) ロ (c) ハ ムズ (d) イ

問四 抜き出し問題

ちょうど「十八字で」なんてぴったりの字数を指定してくれて、いい大学です。抜き出し問題では、「何字以上」という指定がない場合があります。そういうときは、梅POINT 抜き出しの字数は最大字数マイナス4と心得よ。

つまりたんに「十字以内」と書いてる場合は、マックスの「十」から4引いて〈六字〉以上ということです。ではこの設問を考えてみましょう。「天秤や試験管は何の具体例」か、が問われています。でも**どんな設問でも、傍線部があったら、傍線部の意味をまず考えるのでしたね。そのときは傍線部前後の文脈も考えてくださいよ。**

傍線部の前に「それと同じように」とあり、傍線部が前の部分と並列されています。それを整理すると、

○**a石器土器を「見る」＝c天秤や試験管を「見る」**
⇔　　　　⇔
●**b**「化け物」を見る＝**d**「原子や電子」を見る

というように、イコール（＝**イイカエ**）関係と**対比**関係があるのがわかります。また傍線部のあとに「昔の化け物が実在でないとすれば今の電子や原子も実在ではない」いと書かれています。ここで**b**「化け物」と**d**「原子」などの共通点が、私たちの目で見える〈実在ではないこと〉だとわかりました。すると**対比**関係からいうと、**a**「石器土器」や**c**「天秤や試験管」は「実在」だということになります。「実在」とは〈人間（の意識）と関係なく、客観的に、実際にあるもの〉という意味でした。たしかに「石器や土器」、「天秤や試験管」は、形をもち実際にあるからこそ目で「見る」（＝傍線部）ことができるのです。すると「天秤や試験管」は**〈実在するもの〉**そして**〈私たちの目で見ることができるもの〉**の「具体例」だということになる。なのでまず「実在」という言葉に着目しましょう。*L*52に「物理的実在」という言葉があります。「物理的実在」とは、物として実際にあるものということです。また「われわれの五官（＝目・耳・鼻・舌・皮膚）に触れ」るというのは、〈物〉だから視覚により「見る」ことができるという意味でもあります。すると右の条件をクリアできます。そして「われわれ〜物理的実在」でちょうど十八字。なのでこれが正解。解答は「最初の七字」だけでOK。

解答　**われわれの五官**

問五　**抜き出し型の空欄補充問題**

怪物の半分が空欄X へ「入り」、残りの半分は空欄Y

へ行く、というふうに、「怪物が」何に属するのかを述べていることがわかりますね。そして空欄のあとには「両者ともに人間の創作であり芸術である」と書かれていることに注目してください。「化け物」が「芸術」と関わるという話は、第1段落にありました。そして第1段落では化け物が「宗教」「科学」「芸術」と関わると書かれています。「芸術」は共通点ですから、すると X と Y には、「宗教」と「科学」とが入ればいいと考えられます。そして空欄のあとには、「前者」＝ X は「電子……陽子となり」、「後者」つまり Y は「神様にな」るとあります。そうすると X のほうに「科学」が入ればよく、必然的に Y には「宗教」が入ることになります。

解答　**X 科学　Y 宗教**

問六　傍線部の内容説明問題（記述式）

まず〈記述問題の基本〉についてお話しします。

〈記述問題の基本〉

1　傍線部（および文脈）と設問文を分析する

2　1から何を説明すべきかを決める

3　2に該当する本文の該当箇所を探す（ないときは自分の言葉で説明する→ムズ）

まず**1**について。傍線部のある記述問題は、まず傍線部の意味を考えましょう。ただし**傍線部は傍線部だけじゃなく、「文脈」の中にあり、そのつながりの中で意味や内容を考えていかなくてはならない。つまり今までやってきた〈つながりを見つける〉ということを意識して、傍線部の前後の内容も頭に入れながら、傍線部の意味を考えてください**。「だいたい、こういうことだな」ぐらいでいいです。そしてそのときには、

a　傍線部自体の意味・難解語の解読→語い力が必要

b　傍線部の前後とのつながりを指示語・接続語で確認

という具体的な作業も意識しましょう。

それともう一つ、〈設問文〉。**そこに書かれている、たとえば「問題文中の具体例に即して」というような条件を見逃さないこと！**　とにかく**傍線部と設問文は〈神さま〉です**。絶対にその内容に従ってください。

つぎに**2**にいきます。**傍線部の中で説明しないといけないところ、設問文の条件、などをまとめて、書くべき**

11

こと（＝ポイント）を決めます。

そして**3**。そのポイントに当たる内容は、どこに書かれているか、を問題文に探す。

梅POINT
傍線部中や傍線部の前後の表現と同じか類似の表現をチェックして、それらと同じ表現のある箇所をつなぐべし。

そうすると、傍線部の**イイカエ・説明**が見つかることがあります。（ないときは自分の言葉で書く→ムズ）

次に記述問題の少し細かな**ルール**を書いておきます。

① 本文の言葉を使うのが基本。本文の表現が使えないとき（②参照）と、字数短縮のときだけ**イイカエ**る。

② 本文中の比喩や特殊な意味を含む語は解答にできるだけ使わない。（慣用化されている比喩やポピュラーな評論用語は可。）

③ 傍線部の表現は基本的に使わない。使わざるをえないときは説明して使う。

④ 主語を決めると、その主語に合うところを使う箇所としてピックアップしやすくなる。

⑤ 使うべき本文箇所を、主語・目的語・述語をメインに単純化し、ほかの箇所と並列的につなぐ。書くべき要素の順序を考える。その際主述の対応がズレないこと。

⑥ 同内容の繰り返しをなくす。

私立大学の記述問題はふえてきていますが、そんなにむずかしいものはありません。**抜き出しの延長だ**、ぐらいに考えてドンドンやりましょう。

それでは先の**〈記述問題の基本〉**に即して考えていきましょう。まず傍線部の意味を考えなくてはいけませんね。まず傍線部の「それ自身」という指示語の意味を明らかにしましょう。この「それ」は直前の「科学の中等教科書」を受けていると考えられます。また設問文には「**本文中の語句（言葉）を用いて**」という条件がありました。「本文中の語句」を用いるのは当たり前なのに、わざわざこういう条件が書かれているときは、①**一か所抜き出しみたいな解答でもいいよ** ②**比喩とか特殊な語句も使っていいよ**、という意味です。このことは覚えておいてください。つぎに**〈記述問題の基本〉**の**2**へといきます。そして〈科学の教科書の本来の目的ということを答えればいいんだな〉と考えられればいいのです。そして

〈記述問題の基本〉の**3**。「目的」が書かれているところはどこ？　というふうに考える。するとこの問題は、すぐ直後に書いてある内容に注目すべきだということがわかります。そこには、「本来の目的を裏切」ると「被教育者の中に芽ばえつつある科学者の胚芽を殺す」と書いてある。ということは、「本来の目的を裏切」らず、それを素直に行うことは、**「被教育者の中に科学者の胚芽を芽ばえさせること」(a)** になります。これが「教科書」の「本来の目的」です。

先ほどの記述問題の**ルール**②に書いたように、ふつうは**比喩はなるべく使わないようにしたい**。でもこの設問では、「本文中の語句を用いて」と書いてあったので、「芽ばえる」とか「胚芽」っていう比喩的な言葉もOKです。ふつうだったら、これらの表現は〈可能性〉などに**イイカエ**る必要があります。**語い力が必要です**。

また空欄Zの前にも「目的」という語があります。**こういう傍線部と同じ語句があるところに着目してください**。また**10講 p.115**の梅POINTでもいいましたが、**傍線部に関する問いはどんな場合でも、まず傍線部の内容を考えることから出発**してください。

「科学の目的」となっていますが、Zを含む段落は「科学教育」という語句で始まっています。傍線部**(2)**の「それ」も「科学の」「教科書」を指していますが、「科学の」「教科書」の目的は「科学教育」の目的と同じはずです。ただZは空欄なので、解答に使えない。でもZを含む文とあとの文とのあいだには接続語がないことに気づきましたか。**4講**の**p.53**の梅POINTでもいいましたが、**接続語なしにつながる文同士はイイカエ・説明の関係になりやすい**のでしたね。この部分は文末も「事(なの)である」という同じ形をしています。またこの一文では主語が省略されていますが、

> **梅POINT　現代文で主語が省略されているときは、前の文の主語を補うべし。**

なので、このことからも、Zのあとの一文はZを含む文の**イイカエ**であり、「科学の目的」を示していると考えられます。それに「教える」とあります。「教育」ですね、つまり傍線部の「目的」とつながるということです。すると**「世界は化け物に満たされていることを教える」**

（b）という内容も解答に入れるべきです。「化け物」や「被教育者」という語も「本文中の語句を用いて」という条件によって使うことが許されます。**Z**のあとの部分を短くするところがワザの見せどころですが、**Z**に入れた語句を使って、「化け物を捜《さが》し出す」と書いても**b**○。

a・b各3点です。

ムズ **解答** **世界が多くの化け物に満ちていることを教え、被教育者の中に科学への芽を育てること。**（40字）

問七 空欄補充問題

空欄**Z**の前後の文脈を見てみます。まず**Z**の前。「皮相的（＝薄っぺらい）科学教育が普及した結果」、「化け物が追放された」ことを批判してます。「皮相的」はマイナスの意味をもっていますから、ここでは**「化け物」を「追放」してはいけない（a）**といっているのです。つまり化け物＝謎や不思議を追放するんじゃなくて、謎や不思議をもっと身近なものとして人間は接しなければいけない、そういおうとしていると考えられます。

また**問六**でも確認しましたが、**Z**のあとの一文は**Z**を含む文の**イイカエ**であり、これも**「科学の目的は、人間が化け物＝謎や不思議が身近なものであることを教える」（b）**ということを述べているといえます。

選択肢の中で化け物と接しようという意味になるのは、**イ**の「捜し出す」ですね。「追放」するんじゃなくて、〈いっぱいいるから〉〈捜そう〉というように**a・b**の内容ともつながります。なので**イが正解**。**ロ**と**ニ**は真逆。**ハ**がチョイマヨだったかもしれませんが「飼い慣らす」というと、まるで家畜のように自分のいうことを聞かせ、手なずけるようなニュアンスも出てくるので適切とは言えません。**ホ**の「寝かしつける」というのも、おとなしくさせるだけでコミュニケーションがないイメージが浮かび、ちゃんと「化け物」と接するという、人間との関係が不明確です。

解答 **イ**

問八 内容合致（趣旨判定）問題

「二つ」選びます。

イ……「科学者にとっての事実が時代によって変化することはない」という部分が、最後から二つ目の段落の第二文と完全真逆で×。**ワースト1**。

ロ……第3段落で、「化け物」として説明することを「作業仮説」だと述べたあと、それが「今日では空中電気と称する怪物の活動だと言われている」、「ただ昔の化け物が名前と姿を変えただけの事である」と書かれているので、「空中電気」も「化け物」と同じ「作業仮説」だと考えられます。また「化け物へ帰納したのを、今の科学者は分子原子電子へ持って行くだけの事である」（L13）と書かれており、「電子」は「化け物」の同類として説明されています。さらに「電子」は「電気」を成り立たせる要素だし、傍線部（1）にあるように「電子」も「化け物」同様、私たちの目には見えず、あくまで「仮定」（L17）されたものです。これらから「化け物」も「電子」も「作業仮説」だというのは問題文と合致するといえます。**ロが一つ目の正解**。

ハ……科学のことと関連づけずに、またまるで「化け物」が本当に存在するかのように書いているのがおかしい。また「減りすぎたので」、「生き残った化け物を大切に」などとは、問題文に書かれていません。

ニ……「原子」などは、それらがあると考えると論理的にうまく説明できるものです。私たちの目で見える「実在」ではありませんが、「非合理な妄想」だとはいえません。

ホ……L63にある、今日の「科学教育」が「だれにもほんとうにはわからない事をきわめてわかり切った平凡な事のようにあまりに簡単に説明して……なんの疑問もないかのようにすっかり安心させてしまう」という部分と一致します。そうした「説明」によって生徒は「すっかり安心」し、納得してしまうわけですから、そこには「誤解」が生じているといえるからです。こういう教育は「皮相的科学教育」（L68）といわれ、そうした教育は「誤解」（L70）を生むと書かれていることも根拠になります。**二つ目の正解はホ**です。

ヘ……これはむちゃくちゃな選択肢です。「長屋の重兵衛さん」は、化け物の話をさせたらスゴイ「老人」であり「化け物」ではありません。かわいそうな重兵衛さん…。

解答 ロ・ホ

12 小説

「みぞれ」

京都産業大学（改）

別冊（問題） p.114

解答

問	解答	配点
問一	(ア) 1　(イ) 4　(ウ) 1	2点×3
問二	2	5点
問三	3	4点
問四	1	4点
問五	4	5点
問六	4	6点
問七	1	5点
問八	2	5点

ムズ 問六、問七

合格点 30点

／40点

問題文ナビ

読解のポイント

I

・脳梗塞で倒れ、言葉をうまく発することができなくなった父と父の世話をする母 **（事実）**

↓

・妹が面倒を見るというのに、妹の家から自分の家へ帰ってきてしまった父に対して、「僕」は不満を抱いている **（心理）**

↓

・「僕」は父のせいでみんなが「迷惑する」し、母が父を「甘やか」すからだと母にいうが、母は何もいわない **（言動）**

II

・帰りの時刻になってきた **（事実）**

↓

・「僕」は今日も父にほんとうに訊《き》きたいこと、「生きていることは、楽しい?」ということが訊けな

かったと思う **（心理）**

Ⅲ

・家族の声が録音されている昔のテープで、「僕」は父の若い頃の声を聴く **（事実）**

↓

・「僕」は今は「みぞれの季節なんだと自分に言い聞かせ」る **（心理）**

↓

・父の目に涙が浮かんでいた **（言動）**

ひとこと要約

死に瀕している父に不満を抱きつつ、家族を思う「僕」の複雑な思い。

テーマ　小説のお約束

評論については、一度最後まで読むかどうかは、自分の状態に合わせて選んでいいよ、という話をしました。でも小説は絶対最後まで読んでください。小説には一つのテーマがあります。それが小説全体をヴェールのように覆《おお》います。そのテーマと傍線部を結びつけて解かなければなりません。だから全体のテーマがわからないまま、傍線部だけの内容を考えて解くと間違えます。

また、小説には基本的に、**事実**（できごと）→**心理**（気持ち）→**言動**（しぐさ、発言、行動）という三つの要素があります。そしてこの三つの要素が因果関係によって結びついていると考えられるところに設問は設定されます。たとえば〈失恋してしまった＝**事実**〉→（だから）→〈悲しい＝**心理**〉→（だから）〈泣いた＝**言動**〉、という〈因果関係〉が成立するところで、〈悲しい〉という**心理**に傍線を引き、その心理が生じた理由である事実や心理の説明を求める。あるいは〈泣いた〉という**言動**に傍線を引いて、その**言動**に至る**心理**などを問うたりします。

こうした**〈因果関係で読み解く〉＋〈風景描写、象徴（登場人物の心情を反映した具体物）を解釈する、つまり明示されていない心理を読み取る〉**ことができるようになれば、たいていの小説の問題はクリアできます。

また**心理**が問題文に書かれていないのに、問われることがあります。2＋□＝5だと□には3が入りますよね。これと同じように、**事実**→**[心理]**→**言動**というふうに、**事実**と**言動**で**[心理]**を挟《はさ》み撃ちして、どんな**心理**を考えれば、三つが論理的につながるかを考えてください。主観的に考えてはいけませんよ。

よく小説の読解はセンスだ感覚だ、なんていうけど、とんでもない！　小説の問題は評論以上に〈論理〉的に解かなければいけません。もちろんそうした読解をもとに、選択肢を見分け

12

ていく力が必要です。とくに**小説では問題文の表現がそのまま用いられる度合いが評論よりも低くなるので、同義語の知識やイイカエを見抜く解釈力が求められます。**

以下の具体的な解きかたも参考にしてください。

1　初読で行うこと

①頭の中で、テーマを短い言葉でまとめる。

②心理描写（「～と思った」「～と考えた」「～悲しかった」）・心情語（不安・孤独）、心理を示唆する象徴表現（登場人物の心情を反映した具体物）をチェックする。

→心理描写は誰のものでもチェックする。

→設問を解くときのヒントになる。

③場面・環境・天候・時間の転換点をチェックし、問題文の〈切れ目〉を意識する。

2　設問を解く

事実→心理→言動（しぐさ、発言、行動）の因果関係に沿って解く。

＊注意点

・根拠が明確でない設問は、間違いを探す、と同時に問題文に書かれているかいないかをさぐる消去法（ただし、問題文に書いてあるからすぐ○とせず、傍線部との対応を重視する）で解く。

設問ナビ

問一　語句の意味を問う問題

(ア)「見据える」は〈じっと見つめる〉という意味で**1が正解**。**3**には〈見る〉という意味が欠けています。「見据え」ていても、怒っているとはかぎらないので**4**は×。

(イ)「相槌《あいづち》を打」つは〈人の話に調子を合わせたり、頷《うなず》いたりすること〉なので、**4が正解**。

(ウ)「口を酸っぱく」するは〈注意などを何度も繰り返していうこと〉。ピッタリという選択肢はないけど、**1**の「繰り返して」が、一番意味として近いので**1が正解**。

2「辛らつな調子（＝手厳しいいいかた）」、**3**「皮肉」、**4**「非難」は、「口を酸っぱくして」いうときに、伴うことはありますが、いつもではないので、**(ウ)** のもともとの意味と食い違います。

解答 **（ア）1　（イ）4　（ウ）1**

問二　傍線部に関する理由説明問題

事実→心理→言動の因果関係を基本として設問を解いていきましょう。まずこの設問の傍線部は、「僕」の自分に対する思いですから**心理**ですね。だからそう思う理由は彼に関する**事実**（できごと）にあるはずです。

傍線部の前までの部分に書かれた「僕」に関連する**事実〈a〉**を整理すると、次のことがあげられます。

・父母は年老いた（L1・2）
・二人はいずれ――うんと遠い「未来」や「将来」ではないうちに、僕の前から永遠に姿を消してしまう（L3）
・いつの頃からだろう、僕は両親の死を冷静に見据えるようになっていた。（L5）

そして**〈b　父母が亡くなったときには、涙だって流すだろう。だが、その涙には、自分のなかのなにかが引き裂かれてしまうような痛みは溶けていないはずだ〉**という「僕」の**心理**が描かれ、傍線部の思いに至るというプロセスです。すると傍線部のように〈自分は冷酷で身勝手な息子なのか〉と自問自答するのは、まずaに関連があると考えられます。その内容は**〈a　僕は父母の老いと死を冷静に見ている〉**などとまとめることができるでしょう。また**〈b　父母が死ねば悲しいが、そこには痛切な痛みはないと思っている〉**という**心理**も、「僕」が自分を「冷酷で身勝手」だと感じる理由に含まれるでしょう。この場合は**言動**に当たる部分がないので、それを意識する必要はありませんが、**傍線部が心理描写の場合、たんに事実だけではなく、傍線部に関連する心理も解答の要素になることがあるので、事実だけを確認すればいいとは考えないでください**ね。

こうしたことをふまえて選択肢を見ていくと**a・b**の内容と最も近い選択肢は**2**です。**2**の「つらさ」は「悲しい」（L7）と、「受け入れる」は「見据える」と対応すると考えていいでしょう。なので**2が正解**。先にもいったように、こういう**イイカエ**についていってくださいね。

1は「今両親と一緒に住む覚悟は持っていない」という部分が、文脈と関連したことではないし、「僕」との「同居」という話題は、問題文には出てきません。**3**は「感情をはっきり示すほどの」という部分が文脈と合わないし、「感情をはっきり示す」というと、示すほどの感情があるとも解釈できますが、「僕」には切実な「痛み」（L8）はもともとないのです。**4**は「まだ両親の年齢に至っていない自分には彼らのつらさを本当に感じることはできないでいる」という部分が、文脈に関連していないし、問題文にも書かれていないことです。つぎのことをつねに意識してくださいよ。

梅POINT 傍線部だけで判断せず、傍線部を含む文脈や場面、傍線部に関連する心理をきちんと追いかけるべし。

解答 2

問三 **傍線部の心情を説明する問題**

この設問は、直接**心理**が説明されていません。

梅POINT 心理が直接示されていないときは、心理を事実と言動との関係から推論すべし。

つまり**事実と言動で挟み撃ちし、ではそれら二つをつなぐ心理はどういうものであればいい？と考える**のでした。この場面ではつぎのように整理できます。

・「僕」は実家に帰ってきて、父親と話をしようと思っていた（L12）。なのにもう帰らなければいけない時間になり、父親にいうはずだったことを僕は母親にぶつける（**事実**）

↓ **心理**？ ↓

・そのとき「迷惑」という言葉が口から出た（**言動**）

この「迷惑」という言葉は、〈自分（や妹）が迷惑だ〉という意味ですから、本当は父や母のことを考えているのではなく、自分（や妹）のことだけを考えているということを、露《あら》わにしてしまいます。そうなることに自分でも気づいているからこそ、「口にしてはならない」言葉だと思っていたのでしょう。なのでそうした自分（や妹）が困るんだという**心理**を説明している**3が正解**。「母の体のこともももちろん心配だ」は「結局、お母ちゃんにぜんぶ負担が行くわけじゃないか」（L15）と対応すると考えてよいでしょう。それにほかの選択肢が大×です。**1**は「父のことがもっと心配だ」という感情は、問題文から読み取れません。**2**の「母の身勝手な性格」、**4**の「母のいい加減な性格」は、傍線部**C**や父を陰で支える母のようすと食い違います。

解答 **3**

問四 登場人物の人物像を問う問題

登場人物の人物像を問う問題は、問題文全体を視野に入れて、その人物が描かれた部分を見ていかなくてはなりません。この設問でも、問題文を初めから見ていくと、まず傍線部**B**のあとのところに、〈「そうじゃなあ、洋司の言うとおりじゃなあ」、「それはようわかっとるんよ」とうなずき、すぐに話を変えてしまう〉という母のようすが描かれています。

また傍線部**C**の前のところにも母親の性格が表現されています。これは「僕」がいったことですが、父が「酒も煙草もやめられなかったのは、そばにいる母がなにも言わなかったからだ」と書かれています。また「母がもっと強い態度でいれば、父には一人で田舎に帰ることなどできなかったのだ」、「母はなにも言い返さない」（L**31**）とも書かれています。

するとこれらから**〈a　父親や「僕」に従順で、自分の考えがあったとしてもそれはいわない〉**という母の性格がうかがわれます。また傍線部**C**の直前には、「ずっと、そげんしてきたけん、それ以外にやり方がわからんのよ」と笑う母親が描かれています。ここからは〈父への従順さ〉のほかに、父が重い病気になっても**〈b　今までのありかたを変えられない〉**母親の姿がうかがわれます。

また昔のテープをもってくる場面では、「僕」が来る前に父と話していたらしいテープの録音を、僕に聞かせるために、一生懸命走りながら部屋を出ていく母のようすが描かれています。ここには「今日は、洋司が来てくれたけん、お父ちゃんもご機嫌やねえ」（L**53**）などという母の言葉にも表れているように、**〈c　父と僕とのあいだに立ち、二人がうまくやっていってほしいと願う思い〉**が描かれているといえます。

これらに最も近い内容の選択肢は**1**です。**1**の後半は少し母を否定するようなニュアンスがありますが、**a**の父への従順さや**b**に対応するといっていいでしょう。「優

12

しい」は**c**のことだと考えればよいし、父に何も意見しないのも「優し」さの一種ともいえます。なので**正解は1**。それにほかの選択肢が**問三**と同じくかなり×。**2**は「ふるまう」といういいかたが、芝居や演技をしているようで**a**〜**c**の母親のようすとは異なります。このことは、**4**の「生きていけないように見せる」という表現についても当てはまります。**3**は「頑固でわがままな性格」が不適切。母が今までの習慣を変えようとしないのは「頑固」だからではなく、父親への心遣《づか》いであり、従順さの表れなのだと考えるのが妥当です。「わがまま」は**a**〜**c**の母親のようすと一致しません。 **解答** **1**

問五 傍線部の心情を説明する問題

この場面の**事実**・**心理**・**言動**を、問題文に書かれた順番を論理的に入れ替えて整理しましょう。

・母は新しいお茶をいれながら言う（**事実**）
　←
・そろそろ出なければならない（と思った）（**心理**）
・なんの言葉も交わすことのない父との時間は、まるで墓参りのようなものだった（と思った）（**心理**）
　←
・僕は腕時計を気にしながら言う（**言動**）

こうした流れを考えると、**正解は4**です。「自分を少しでも引きとめておきたい母の気持ち」というのは、母が「新しいお茶を入れ」たという記述から読み取ることができます。先にも引用しましたが、母が「今日は、洋司が来てくれたけん、お父ちゃんもご機嫌やねえ」といっているように、母は「洋司＝僕」にゆっくりしていってほしいのだと考えられます。また「父のそばにこれ以上いてもしかたがない」という表現は、「父との時間は、まるで墓参りのようなものだった」（L42）という僕の空《むな》しさと苛立《いらだ》ちを表現していると考えればいいでしょう。

この設問は、**問題文の表現を客観的に解釈していく解釈力が要求される**問題です。

1は「のんきにみぞれの話など持ち出してくる母の気持ちがわからない」という部分が、上の図に合わないし、問題文にもナシ。**2**は「いっそこの二人がいなくなればわざわざ東京からくる必要もない」という部分が不適切。

もし父の死を待っているとしても、「母」の死を望むという内容は問題文にはないです。もちろん傍線部の文脈とも食い違います。3も「母には腹が立ってしかたがない」という部分が、傍線部の文脈にも問題文にもナシ。

つけ加えておくと、母がお茶を入れたのも言動といえますが、**心理が問われれば、それを生じさせたできごとが事実、言動が問われれば、その発端となったできごとや誰かの行動が事実、そうした因果関係や問いに合わせて、何が言動か事実かを考えてください。**

解答 4

問六 傍線部を含む場面について説明する問題

テープがもち出される場面描写から、「僕」の父と母が、「僕」が来たら聴かせようとしていたことがわかります。そのときだけ父も「て、え……ぷ」と言葉を発しました。それほど楽しみにしていたことなのでしょう。

そのテープは、僕が「小学五年生の頃」に、家族のみんなで吹き込んだ声が入っているテープでした。母は「お父ちゃんと二人で聴いとるんよ、なんべんもなんべんも」(L77)といいながらテープを再生しました。そこにはまだ四十代だった頃の父の声が録音されていて、「僕」は「父の声だ。……父はこんな声で、こんなふうにしゃべっていたのだ」(L84)と、今はほとんどなにも話さない父の、若かった頃の声を聞いて少し驚きます。テープを聴いたあとの「僕」の心情は、傍線部Fのあとに「年老いた父と母は、二人で、静かに、冬ごもりの準備に入っている」(L90)と、二人を見守るかのような言葉で描かれており、このテープを聴いたあとに、「僕」の気持ちに微妙な変化があったことが示されています。その証拠に僕はもう帰らなければいけないと思っていたのに、「お母ちゃん、もう一回聴かせてよ」と母に頼みます。

そして僕が見たのは涙を目に浮かべた父の姿でした。これらの場面をまとめれば、まず**〈a 僕が小さかったときのことを思い出し、若かった父の声に驚き、気持ちに微妙な変化が生じた〉**といえるでしょう。

また父の場合でいえば、彼は一生懸命「テープ」といおうとし、そしてそのテープを「なんべんもなんべんも」(L77)聴いていました。そしてそのテープを僕と一緒に聴きたいと思い、その願いがかなってなのか、それはわかりませんが、涙を流している。それらからは**〈b いつも黙っている父の心の中に深い家族への思いがある〉**こ

12

とがわかります。選択肢でいえば、**1**が**b**と、**2**が**a**と対応します。このように、小説では問題文を広く見渡すことが求められます。**p.138**の梅POINTでもいったように、**小説では傍線部だけで判断せず、傍線部を含む心理や場面の流れをきちんと追いかける**のでしたね。

3チョイマヨと**4**で迷いますね。このテープを聴いて「僕」は傍線部とそのあとにあるように、「みぞれの季節なんだ」、「秋と冬の境目に、わが家はいる」、「夏は過ぎた。秋も終わった」、「次の春が来るのかどうかはわからない」と思います。今このテープを聴いても、時は無情に過ぎていき、もうこの家族は昔にはもどれない。それは父の涙に象徴されるように、時がもたらす「悲しみ」だといえるでしょう。**3**はこうしたことと合致するといえます。それに対して**4**のように、この「エピソードによって、家族がお互いに理解しあうことの大切さを伝えている」というような、道徳的なメッセージがこの場面にあるといえる根拠は、問題文にはありません。僕の気持ちが父や母への優しさや愛情へと変わったとも断定できません。父の涙でこの問題文が終わるように、生きること、年を取ることの悲しみが描かれています。家族がお互いに理解しあったといえるとはかぎらないのです。その点からも、**4**がこの場面に対するコメントとして適切でないと考えることができます。**正解は4**。

ムズ　**解答**　**4**

問七　傍線部の心情を説明する問題

テープを聞いたあとの僕には微妙な気持ちの変化が生じます。ただそれははっきりと書かれていないので、やはりこの設問は**問三**のように、**事実**と**言動**のあいだにある**心理**を、それらと関連させて考えましょう。**事実**は「テープを聴いたこと」であり、**言動**は「みぞれの季節なんだと自分に言い聞かせた」(傍線部**F**)ことです。

そのあいだをつなぐ**心理**を推測する手がかりは、まず傍線部の直後に書いてある「年老いた父と母は、二人で、静かに、冬ごもりの準備に入っている」と思うこと、そして帰ることを後回しにして、昔のテープをもう一回聴かせてくれと母親に頼むこと、です。それらのことから考えれば、この傍線部の「みぞれの季節なんだと自分に言い聞かせた」という表現は、父に苛立ったり、「迷惑」だなどといった自分を抑え、父と母を〈今秋から冬へ〉(＝老いから死へ)向かう時期＝〈みぞれの季節〉を生きているんだ〉と自らに語り、今のままの二人を受け止めようとしている言葉だと考えることができると思います。

傍線部のところで僕に気持ちの変化が訪れた。今のままの父と母を受け入れようというような思い（**心理**）がはっきりとではないでしょうが、少し生まれたというふうに推測するのが妥当だと考えられます。なのでつぎのように整理できます。

・テープを聴いた（**事実**）
↓
・今のままの父と母を受け入れようという思い（**心理**）
↓
・みぞれの季節なんだと自分に言い聞かせた（**言動**）

こうした点から考えれば、**正解は１**になります。

２は説明の中心が「母の人生」になっている点がまず不適切です。また父の死を待ち望んでいるかのような「父という重荷から解放されれば」や、母の人生が「穏やかな人生になる」という説明も、父を嫌い、父の死によって「母が楽になったことを喜んでくれるひとのほうが多いかもしれない」（L52）と思ったときの気持ちと同じです。すると傍線部で生じた気持ちの変化が説明されていないし、もう一度テープを聴きたいという「僕」のようすとズレています。**３**も「僕」の気持ちの変化が説明されていません。またみぞれの「季節が永遠に続くのだろう」という部分は、父と母が「みぞれの季節」のあとに来る「冬ごもりの準備に入っている」と食い違います。

４は「暖かい季節が訪れるだろう」という部分が不適切です。「暖かい季節」は冬を越したのちの春でしょう。すると「次の春が来るのかどうかはわからない」（L89）という部分と食い違います。

論理力と解釈力が求められるむずかしい設問でした。

ムズ　**解答**　１

問八　文章の的確な批評を問う問題

１…テープを聴いてから、いくらか家族の関係は和らいだともいえるので、「決して埋めることのできない感情的隔たり」とはいえません。また「詩的に綴《つづ》った」といえる部分が明確ではないので、正解にはなりません。

２…「言葉にできない細かな感情のやり取り」は、言葉を発することがほとんどできなくなっている父はもちろん、「僕」もまた自分の最も訊きたいことを口に出せずにいることと合致します。「自然描写」は「みぞれ」が降る場面を描いていることと一致します。「しみじみと」は後半の「僕」と父の「涙」などを考えれば、妥当な表現といえるでしょう。なので**2が正解**。

3…「老い、死」に対する「答え」を「考えさせる」という受け取りかたが個人的にはあってもよいでしょう。ですが解答を選ぶという客観的な立場で考えると、この小説を読んで、「答え」を考えるより、「答え」のなさを考える人のほうが多いでしょう。また「間接的に」という表現もどういう意味なのか、なぜ必要なのか、疑問です。「老い、死」そして家族という問題が〈直接的＝ストレートに〉に伝わってくる文章だと「評する（＝批評する、コメントする）」ほうが妥当だと思います。正解にする根拠のない選択肢です。

4…「老い、死とは何かという難しい問いに対して」「客観的視点から答えよう」とするのは哲学や思想の分野の仕事です。**3**でもいいましたが、この小説は、「答え」を出そうなどとしているものではありません。実際、「答え」らしきものはどこにも書かれていないことが、**4**が正解にならない根拠だと思います。

解答 **2**

ご苦労さまでした。12題やりとげましたね。身につけたものをキープするためにも、まだまだ問題演習を続けていってください。みんなの努力が、実を結ぶことを、祈っています。